法然百話

The 100 Stories of HONEN

Kajiwara Judo

梶原重道

東方出版

まえがき

読んでもらって、もの識りの一助にもなればという、大それたことは考えていない。それでなくとも、肩のこる世の中であるから、可能な範囲で、すらすらと、ともかく誰にでも読んでみてほしい、というのが第一の願いである。

数多くでまわっている仏教書というものが、一般からすればたしかに難解である。仏教は大衆のものであり、専門職にある仏教徒のものに限られてはならないと考えている。

正直いって、仏教に対して白紙で、未知の人びとが、それとは意識しないで読み終って、法然上人という高僧のきわめて概容が、おぼろげにでもわかってもらえれば、本望である。

仏教を学問するもの、したがって仏教の専門書としての希望者は、最初から手にしてもらえるはずはない。もし暖かい気持で、目を通してくれるとすれば、難解な仏教用語をどの程度まで一般化したかの、安易な参考ともなれば、これはまさに、瓢箪から駒がでたような光栄である。

それだけに、祖師法然上人本来の御意中をまげたことを憂い、もし冒瀆したことにでもなったとすれば、その罪は私自身が心から懺悔するより他にはない。

仏教用語の無上甚深の、奥どころがその入口の、それは極めて表皮的な部分に止ったとしか云えないことに、自らの無能を恥じねばならないであろう。

とくにできるだけ多くを挿入した法然上人の御法語にふれ、それを心読してもらう手引と考えたことを、まず当初に念頭にいれてほしいのである。また、御法語については、誰にでも読んでみてほしいという願いから、あえて現代かなづかいを用いた。

法然上人が、いわゆる山岳仏教といわれ、また一面貴族仏教といわれたものから、大衆の中に平易な念仏信仰として展開されたご所存に、いささかでもお応えできるとすれば、という不遜な野望で執筆に向ったたといえば、これまた大それた無能者としての恥辱かもしれない。

いずれにしても、むしろこの暴挙は、ただ念仏申すことの他には、つぐないきれないであろう。折角「法然上人の百話集」をと執筆を依頼された、東方出版の谷上昌賢社長の企画にそむかなければと恐れている。いずれにしてもその厚意を感謝し、また編集の稲川博久氏の労を謝す次第である。

昭和五十七年法然上人御生誕八百五十年慶讃月

著　者

目次

第三篇　一枚起請文に学ぶ

常にいかようにか思うべき

常に仰せられける御詞

◇父母をおもくし◇

◇

第一篇　法然上人への道

1　生き方について

人の生き方とは、考えてみればまことにさまざまであります。

とくに価値観が多様化された現代においては、極言すれば、どう生きようと、自分が定め、自分が納得する生き方であればそれでよいといった、まことに自分のためには都合のよい時代になってしまいました。

昔から、太く短く生きることと、細く長く生きることの二つの様式で、まとめられたものであります。このことは現代とて、この二つの区分の中におさめることができるでありましょう。しかしその内容が、まことに多様化してしまいました。

その根底の理由づけは、まことに都合のよい自由ということであり、平等という人権の尊重を楯にとった考え方であります。本音は他の誰からも干渉されたくない、わが思いのままに勝手な、気儘のままに生きるという方向になびいてしまい、したがって誰が、どんな生き方をしようとも、それはその人の自由な生き方であり、誰もが干渉しなくなったのであります。

自由ということも、人権の尊重ということも、本来のもつ意義は、決してそんなルーズなものでないことだけは、考えておかねばならないと思います。しかし現実は、隣人が何をしていようと、またどれほど困っていようとも、それはいわば自業自得であり、いらぬ干渉はおせっかいにすぎない、というところまでいってしまったと思います。

こうした風潮の結果が、社会の連帯性を強調し直さねば、どうにもならなくなったのではないかと思います。

したがって、人が生きあってゆく世の中で、最もうるわしく、そして大切であったはずの、「思いやり」とか「親切心」というこころが消えてきたのだといえましょう。

いつも感じることでありますが、地下鉄や電車に乗るたびに、お年よりや、からだの不自由な方に座席をおゆずりください、と車掌がどうして駅の発車ごとに、連呼せねばならなくなったのだろうかということであります。

特設されたシルバーシートが、殆んど若い通学生や、元気な通勤者で占められているのが現状であります。ラッシュ時の通勤電車など、一歩奥へつめればどれだけ入口で雑踏している人びとが、楽に乗ることができるでありましょうか。

社会での、現代の生き方の、まさに縮図を見る思いがいたします。

社会とは相互扶助によってなりたっていることは、いまさらいうまでもありませんが、多くの人がより合って生きているかぎり、他に迷惑をかけてはならないことは、その原則であり、心構えでありましょう。

いかに、生き方が人それぞれの自由であり、また人権が尊重されねばならないとしても、そのことは同時に、他の人の自由を奪い、人権を損じてはならないということでもあります。

だからこそ、法が定められ、規則ができ、社会の秩序や、慣習というものが役割を果すのであります。

人の生き方を、私はもとよりそれを拘束したり、統一しようなどとは考えていません。

ただその生き方には、おのずから守らねばならないものがあり、心がけねばならないものがあるということだけを、強調しておきたいのであります。

そこで人として生きるということの根源について、考えてみることにします。

2　生きるということ

人が生きるということと、仏教というものの関連について、まず知ってもらわねばなりません。

ややもすれば、人が生きることと、仏教というものが、別個に併立してあるものだと考えていないでしょうか。

つまり人が生きてゆくこととは別に、人が亡くなり、そしてその後始末としての葬儀式や、亡くなってしまった霊魂のゆき場所や、その追善《ついぜん》の法要などが仏教であり、生きている人生そのものとは別個なもののように考えられがちであります。

もっと直接的に云えば、仏教はお寺や、各家庭の仏壇の中にあるものであって、生きてゆく人生それ自体にはかかわりがない、とさえ考えていることであります。

仏教の教義とまではゆかなくとも、少しでもその話をきき、仏教それ自体の目的や、使命を知ってもらっている人以外には、なかなかわかってもらえないのが現状であります。

だから仏教は、老いた人のものであり、若い人には用がないと考えられています。これはとんでもない大きな間違いであり、人生の先の長い人ほど早くから、知っておいてもらわねばなりません。

こんなことになってしまったのは、仏教を伝える人びとの怠慢であり、法要とか儀式だけを見て考えられているからでありましょう。

それでは、仏教とはいったいどんな教えであるかとなりますと、一言で云ってしまえば、生きることそれそのものである、ということであります。

したがって、泣きながら、笑いながら生きている中で、人としての生き方を定めるものであり、その目標となり、指針となってゆくことになります。

だから先に書きましたように、現代のような、種々さまざまな価値観がまかり通る世の中にとっては、仏教の生き方というものが、高く評価されることになるのではないでしょうか。

私は価値観が多様化したということは、まことにていさいのよい云い方であって、その正体はまさに一つの乱世だと思うからであります。

この乱世を正常化してゆく生き方を、仏教によって考えてみましょう。

もろもろの悪をなすことなく（諸悪莫作《しょあくまくさ》）
もろもろの善を行うこと（修善奉行《しゅぜんぶぎょう》）
このことこそが仏教である（是々仏教《ぜぜぶつきょう》）

と、いうのが総括した仏教の生き方としての、大きな旗印であります。

このことをまた、「悪を廃し（廃悪《はいあく》）て、善を修めよ（修善《しゅぜん》）」ともいっています。

道義頽廃とか、モラルが低下したと、嘆かれている現代社会への、大きな警鐘であろうと思います。

このように目標をもった生き方によって、自然にその心が浄められてゆくでありましょうし、ましてそのように自らがつとめて、心を浄めようとするところの、「自浄其意《じじょうごい》」こそが仏教であります。

諸悪莫作と教え、修善奉行をすすめることも、要は行為行動をするその日、その時の心構えが、「自浄其意」で生きてゆくことの目的なのであります。

時代思潮の動きによって、いわゆる価値観の多様化はやむを得ないとしましても、その多様性に一貫するものが「自浄其意」でさえあれば、多様化も決して恐れるものではなく、かつまた今日のような暗い、そして惨めな、社会問題が起こるはずがないと考えられます。

3　新型の神経症

人間を、人生を、智情意によって解明してきたことは、心理学上の大きな柱であったようであります。

智の立場から、迷いを転化させて、正しくみつめ直して生きてゆくことであります（転迷開悟《てんめいかいご》、または転禍為福《てんかいふく》）。

情の立場からは、人生のさまざまな苦しみから離れて、安楽な生き方をしてゆくことであります（離苦得楽《りくとくらく》）。

意の立場からは、前項で書きましたように、つまり廃悪修善の生き方をすることであります。

これらの帰結するところは、「自浄其意」の生き方でなければならない、ということになりましょう。

先にもふれておきましたように、価値観の多様化によって、今日のとくに青少年の非行とか犯罪の現象が、複雑化したと結論づけられていることに関連して、非常に意義深く、興味ある調査の研究結果があります。

これは、直接価値観の内容を分析したものではなく、ある大学病院の最近の神経症についての発表でありますが、私はこの結果に非常に関心を抱いております。

従来の神経症の型に属しない、新タイプの症状が現出しているということで、「新型の神経症」と発表したことであります。例えば
イ　勉強ができるようになりたい。
ロ　友だちができない。

こういうことで悩むグループであったり、

1　何事にも根気がなく、ふぬけのようなタイプで、人格形成不全に属するもの。

2　行動が鈍く、無関心になる短期間の分裂症のようなもの。

これらのような、新型に入らない、各個各様なものもある。つまり各患者自身の名をつけねばならぬようなものの患者である、というのであります。

こうしたものが、二九七人中に一七人いたという事実が、報告せられています。

もちろん、これは、医学的臨床の実態調査の研究発表でありますから、直接青少年の価値観には無関係でありましょう。

しかし、一般に「ある日、突然」といわれるいくたの問題が起こっている現状から考えて、決して無関係ではなく、多様化した価値観全般のうち、ある比率をしめるのではないだろうかと、推測するからであります。

いま、生き方ということに関連して、実は現代青少年の幾割かが、現代病とも考えられるような、こうした新型の神経症的に生きているのであろうという、不安な推量をしてみたかったのであります。

もしもこうした傾向が、現代青少年の生き方に、暗い陰をおとしているとなれば、どうしても、こんな暗い陰を追い払って、一日もはやく正常な価値判断をして、新しい生き方をしてもらわねばならないのではないでしょうか。

このことが、「廃悪と修善」の生き方であり、そのために生じている「離苦と得楽」の生き方である、ということに気づいてもらいたいのであります。

4　願わしい生き方

もろもろの悪をなすことのない、廃悪の生き方をし、さまざまに迷うことから、めざめた悟りの生き方が得られるとなれば、これほど堅実な安定した、生き方はないでありましょう。

生きることの迷いによって生じる、さまざまな苦しみから逃れて、安楽な生き方を望まないものはないでしょう。

いったい、その悪とは何であり、苦しむということは、どんなことなのでありましょうか。

人生の迷いとか、ほんとうに安心のできる楽な生活とは、これまたどんなことなのでありましょう。

人それぞれに、何らかの価値をみとめて生きながら、あるときは満足をし、また時には極めて満たされない不満の中に、生きねばならないのでありましょうか。

つまり、誰でもが、不幸ではない仕合せな生き方がしたいのであり、苦しむことのない、安らかな生き方を考えているということであります。

そのためには、それらの原因をどのように考え、またどうすれば、願わしい生き方となるのかを、考えてみなければなりません。

たとえば、億万長者になれば、悪をなすことなく、修善の毎日がすごせるとは限りません。同じように貧しいからといって、悪のみに走り、善とは無縁であるとも、限っていません。貧しくて充分に食べられないから、不幸であり、満腹したから満足であるとも、云いきれません。

世の中には、とくに現代の社会では、何かが欠けているとか、どこかが狂っているということが、しきりに叫ばれています。

漠然と、そうしたことばを吐きだして、その鬱憤を晴らしているだけで、もしも欠けているとすればそれが何であるのか、また狂っているとすれば、いったいそれが何であるのかを見究めていないような気がするのであります。ことさらにそのことを社会におしつけて、自分自身は単にその被害者のように、とりすませている気配が強いと思うのであります。
何かが、欠けているとすれば、それを補う努力を、まず自分自身からつとめねばならないのであり、また、どこかが狂っているとすれば、自分自身から正常にしてゆかねばならないのであります。

何かが起これば、大体、家庭がわるいとか、社会がわるいとか、政治がわるいからだとか、責任を転嫁している現状を、よく考えてみるべきであります。

いいかえれば、そういうことが、廃悪の生き方であり、転迷の生き方であり、また離苦の生き方なのであります。おのずから、そこには修善の道が開け、開悟への道があり、得楽の結果が生れるのでありましょう。

少くともこういう心構えで生きることが、仏教の生き方の大きな柱なのであります。

もっと仏教的に云えば、このように生きることが、求道の生活ということであります。あれや、これやと社会の風波にゆられて、小波をたてているような、またそれによって浮動している根なし草や、浮き草のような生き方ではなく、「無上道《むじょうどう》」といわれる最高の道をどっしりと大地に足をふみしめて、やがて志を貫徹する、そういう生き方であります。

そのためには、確固とした一つの信念をもたねばなりません。どんな風が吹こうと、どんな嵐がこようとも、ただこの一筋の道を歩むという、信念が大切なのであります。

5　生きざまということ

人生ということばを、われわれはことあるたびに、口走るのであります。

しかし、その人生ということは、いったいどういう意味を、もっているのでありましょう。

私は学問的な、あるいは組織だてた、むつかしいことを離れて、その文字通りきわめて素直に考えてみたいのであります。

人としてこの世に生れて以来、やがて最後臨終の夕べにいたるまでの生きるありさまが、その間の生きざまであるといってよいと思います。

時には笑い、時には泣き、そしてよろこび、悲しみ、ある時には怒り、腹立て、またある時には身を投げだして耐えきれず、よろこび勇んで手の舞い足のふむところをさえ知らず、有頂天になっているかと思えば、地獄の底におちたように、意気消沈してしまうことも、すべてくり返している、人としての生きざまというものでありましょう。

「この頃調子はどうですか。」「いや、もう、四苦八苦ですよ。」

こんな会話が、よく交わされているのを、耳にすることがあると思います。

この四苦八苦ということばは、仏教からでたものであります。

人の生きざまとは、まさに四苦八苦の状態であることを、仏教では力説しています。

それは人間が、生を得れば、必ず老い、そして病を得、遂には死んでしまうというのが、大別した人間の生きざまの、どうしようもない原則であると考えるのであります。

誰がどうしようとしても、生れるかぎり、老い、病み、そして死んでしまわねばならないという、この四原則は、ただ一人をも残すことのできない、どのものの人生でも、きわめて共通で、平等で、決して例外はありません。

そこで、人生にとって、これほど逃げきることのできない、大きな苦はない、ということで、これを、四苦とよんでいます。

この他、人間であるかぎり、どうすることもできない、さらに四苦があるとして、この苦しみからぬけきる生き方をしなければ、ほんとうの幸福が得られないとするのであります。

だからこのことを「抜苦与楽《ばっくよらく》」ともいって、先ほどの「離苦得楽《りくとくらく》」と同じ意味をもっているのであります。

ただ一時的な、目先だけのよろこびとか、楽園を願うことではなく、未来永劫にわたって、不滅の永遠の真の幸福を得ることを、願望としています。
この絶対の理想境の実現に向ってゆく生き方を、往生極楽というのであります。
苦界を出離《しゅつり》するとか、解脱《げだつ》ということばも、このことを意味しているのであります。

6　人間への見究め

お釈迦さまが、悟りを開かれたということは、詮じつめれば、迷いつづけている人生の苦を抜けきって得楽のために、不動の確信をもたれた、正しくめざめられた（正覚）境地をさすのであります。

お釈迦さまがカピラ城の王子として、悉達太子（シッダルタ）のとき、「四門出遊《しもんしゅつゆう》」といって、宮殿の東、西、南、北の四門から外出されたとき、大きな衝撃をうけられた物語りがあります。

この大きな心の衝撃が、やがて出家せられ、苦界を解脱する、開悟の動機となるわけであります。

馬上ゆたかに侍者をつれて東門から出られますと、「髪白く、体衰え、杖にすがって喘いでいる人」にあわれました。

太子はあれは何なのかと、不審にお尋ねになられました。侍者が、あれは「老人であります」と答えますと、馬を返して外出をとりやめられ、宮殿に帰られたのであります。

翌日は同じように、南門からお出ましになりますと、「やせ衰え、膚は黄色く、汗を流して、息苦しくしている人」にあわれました。

あれは何なのか、とのお尋ねに、侍者が「病人でございます」と答えますと、その日も馬を返して宮殿に帰られたのであります。

また翌日、同じように西門からお出ましになられますと、「屍を輿にのせてかつぎ、多くの人が泣いている」姿を見られ、「あれは何なのか」とお尋ねになりました。

「死人」でございますという侍者の答えをきかれますと、同じように馬を返して宮殿に帰られたのであります。

その翌日も、同じように北門から出られますと、「鉢を持ち、威儀を正し厳かな姿のもの」を見られ、「あれは何なのか」とお尋ねになられました。

「あれは出家でございます」との侍者からの答えをきかれ、その日も馬を返し、宮殿にお帰りになられたのであります。

このことを「四門出遊」といって、太子が王位をすてて出家なさる動機となったのであります。

いかに太子とはいえ、老人であるとか、病人であるとか、死人であるとか、出家（当時はバラモン僧）を知らないというはずはありますまい。

しかし私は、このことの中に、ほんとうに真剣に生きる、人としての生き方があるのではないかということを、考えさせられるのであります。

路傍にたたずんでいる一人の老人の姿によって、そこに何を見究めようとなさったのでありましょうか。

現代の老人福祉対策が、漸次進展してはおりますが、なお幾多の問題をかかえているではありませんか。病人にいたしましても、死人にいたしましても、出家にいたしましても、同じようにそれぞれ未解決の問題ばかりではないでしょうか。

つまり人類の存続するかぎり、人生というものを解決しきれない、無限の課題をはらんだまま生きねばならないという、いわば人間それ自体を解決せねばならないという、鋭い太子の洞察を意味していると考えるのであります。

その根本解決のために、王位をすてられ、出家に入門された太子の意志決定を通じて、やがて仏道修行によって、人間それ自体を解決せられたものが、仏教による生き方へと展開されたことの意義を、私は熟考してもらいたいと思うのであります。

7　人間の苦悩

人生とは、四苦八苦であるといい習わされていますように、生、老、病、死の四苦の他にさらに四苦とは、いったい何でありましょう。

愛しあいながら、愛すれば愛するほど、どうしても別れねばならないということの苦しみ、これを「愛別離苦《あいべつりく》」といいます。

この反対に、顔を見るのも嫌というほどに、憎しみあいながら、それでもなおかつ会って生きねばならぬという苦しみ、これを「怨憎会苦《おんぞうえく》」といいます。

のどから手が出るほどほしくても、手にいれることのできない欲望の苦しみ、これを「求不得苦《ぐふとくく》」といいます。

はちきれるような若さと肉体を保ちながら、そのはけどころがなくて、燃えつづけることの苦しみ、これを「五陰盛苦《ごおんじょうく》」というのであります。

これらの四苦も、人間が人間として生きるかぎり、どうしようもない苦しみの生きざまではありませんか。

合わせて、四苦八苦の懊悩《おうのう》を、もちつづけねばならないのが、人生だからであります。
こうして四苦八苦の種別がわかりながら、その一苦すら、完全に解決しきれないで、生きつづけねばならないのが、人間としての宿業《しゅくごう》とでもいうのでありましょうか。

それでは、どうしてこのような苦が起こりつづけて、根絶することができないのでありましょう。喜怒哀楽とか、一喜一憂といわれているように、そのくり返しが無限であるのが、人間としての弱さ、だといわれていますように、四苦八苦もまた、消えては燃え、燃えては消えることが何故に連続するのでありましょう。

この理由について、仏教では三毒《さんどく》ということで、説明をしているのであります。人間が、煩い悩む心のさまざまな不正常な状態を総称して、通常煩悩《ぼんのう》というのであります。その最も根源的な要素となるのが、三毒というもので、その一は貪《とん》で、二は瞋《じん》、その三は痴《ち》であります。

貪とは、文字の通りむさぼる心でありまして、あくことのない貪欲というものであり、二の瞋とは、腹立ちという怒りの心をいい、三の痴とは、あくことのない愚痴というものであります。

一〇八の煩悩といわれるほど、人間の心の底にはいまわしい、平静を破る煩わしい心が汀によせる波のように打ちよせては返し、返しては打ちよせるのであります。その最も根源となるものが、この三毒であると教えているのであります。

除夜の鐘が、一〇八打されるということも、その一音ごとに一つの煩悩を打ち消して、清浄《しょうじょう》な心となって、新しい年の始めに生きる姿勢を正して、よい年を迎えようとの願いをこめて、各お寺の梵鐘《ぼんしょう》が打ちならされることを意味しているのであります。

あくことを知らぬ貪欲と、腹立ちの怒りからもつれでるさまざまな瞋も、ささいなことでもじっと耐えられないで、おろかなくりごとをくり返す愚痴が、いれかわり、たちかわり、むら雲のように起こってくるのが、人間のさもしい心であろとみるのであります。

四苦八苦という、人間としての惨めさは、この三毒からのあらわれであります。

したがって、もろもろの迷いも、さまざまな悪も、それらの仕業《しわざ》なのであります。

月のように美しく、清らかに澄みきった心を保って生きるためには、「自浄其意、是々仏教」といわれていますように、この三毒を断ちきらねばなりません。

8　人生の宝さがし

三毒にさいなまれて、人間は常に人間として、清浄な、そして安らかな生活を乱されることになります。素晴らしい善意をもちながら、それがいつ、なんどき、どこで、どのようにして、悪意に変わるかもわかりません。

大きな「なまず」が動いて、恐ろしい地震が起こるという話をきかされてきましたが、三毒が手をふり、足を動かし、からだをゆり動かすと、人が獣面になり、百鬼が夜行するような、悪行となります（悪業《あくごう》）。

外見はむしろ菩薩のようにやさしく、柔和そうではありますが、内心はまさに夜叉《やしゃ》（鬼）といわれているように、こころが乱脈の状態であることに、気づき、少しでもその乱れを静めて、悪行をおさえてゆく生き方を、しようとするのであります。

反省とか、内省とか、そして懺悔《さんげ》ということばは、この三毒の動きについて、できるだけ平静に、しかも奥の底まで、よく見究めてみようとすることでありましょう。

静かに考えれば考えるほど、人間というものは、三毒のために煩わされ、さまざまにゆり動かされて、つまり煩悩となって、それにさいなまれて生きるのが、一生涯であるという、醜い存在を見究める生き方が、ほんとうの心構えにならなければなりません。

人間が向上し、発展してゆくことの第一歩は、その不完全さに気づき、その衰退の現状を、正確につかむことであります。

人間が、よりよく生きるためには、その実体の醜さを自覚することでなければなりません。人として生れてきた以上は、より完全に近づくことが、最高の願いであることに、気づかねばなりません。

いわば、人生の宝さがしであります。

われわれが宝と考えているような、つかんでみて、冷たい宝石であったり、こわれてしまうような物質ではないのであります。どれほど、ころがしても、またどんな災難にあっても消えてなくなるような、一時的なものであってはなりません。

永遠不滅のものでなければ、ならないのであります。

いまつかんでみて、飛びあがるほど喜んでも、次の瞬間に、ベソをかいて失望するようなものでは、それはほんとうの宝ではありません。

むらくものようにわき起こってくる煩悩のために、ゆさぶりをかけられるようなことでは、不動の信念をしっかり堅持して、生きてゆくことができるわけはありません。

決して損ぜられたり、なくなってしまうようなものではない、煩悩によってゆり動かされるようなものではない、極めて強健なものであります。これを「金剛不壊《こんごうふえ》」といいます。

こう考えてまいりますと、一番の禍となるものは「煩悩」というものであり、その根源である「三毒」なのでありますから、どうしてもこれを根絶してしまわねばならないことになります。

逆にいえば、三毒から起こってくるさまざまな煩悩を、断ちきって、ほんとうに正しく、しかも燈火が風にゆられて、消えそうになるような不安を、一切なくして、大船に乗ったような安らぎで、生きることが人生の願望でありましょう。

このことを、「煩悩《ぼんのう》無《む》辺《へん》誓《せい》願《がん》断《だん》」というのであります。

いいかえれば、これが「廃悪」であり、また「離苦」とか、「抜苦」ということであり、「転迷」ということであります。その結果の状態が、とりもなおさず「修善」となり「為福」「与楽」となり「開悟」の状態となるのであります。

9　生きることのねがい

人として、生れることの真のよろこびは、廃悪修善の生活ができ、離苦得楽の生活ができ、さまざまな迷いを転じて、正しい生き方ができるということでありましょう。

その願望を果すために、悪にうちかち善を行い、人間の苦悩を克服して、安楽の境に生き、禍いや、迷いに悩むことなく、常に自覚できた正しい道を歩むことが、人としての真実の生き方というものにちがいありません。

釈尊がえられた、悟りの道というのが、このように生きることを内容としているのであります。したがって悪や、迷いや、禍いや、そしてそれらによって人間を不幸にする苦を退治しなければなりません。

その方法を仏教では二つに大別し、一つは刻苦精励して、いかなる難行苦行をもいとわず、わが力のかぎりそのために、全身全霊をなげだして修行する道、このことを自力《じりき》といっています。

いま一つの方法は、人間の力には限りがあり、誰もが同じようにはなかなかできるものではない、帰するところは自力には堪えきれないから、仏の大きな智慧《ちえ》と、慈悲にすがって、その道に到達させてもらおうとする、他力《たりき》の法であります。

いずれにしましても、わけのぼる道はどうあろうとも、同じ頂上に登りつめて、同じ高嶺で月をみることに変わりはありません。

そのために、いずれの道を登っても、途中で折れてしまったのでは、高嶺で月を仰ぐことはできません。

ただその道一筋を、脇目もふらず、あの道を登った方がよいだろうとか、その道よりもこちらの道へ、登り直してこいといわれたら、その方へ道を変えたり、いや、もっと他に途中に腰をおろして眺めることのできる、よい景色が見える道があるといわれては、その方へ道を変わってゆくようでは、結局高嶺までは登れなくなります。

折角登りつめようとする目的が、こうしたことで砕けないためには、堅い決心をしてかからねばならないことは、どの道も同じであり、また当然のことでありましょう。

この決心によって、決して他のためにゆらいだり、横目八目で羨ましそうにみることなく、ただひたすらに、どんな方法で他の道から登ろうとしている人びとが、あの手この手で誘いかけようとも、自分の登る道はただこの他にはないという、大きな信念と決意がなければなりません。

このことを、決定《けつじょう》というのであります。そしてその決定は、その道を登りつめた先達の指針の他にはないという、強い信頼心を堅持しなければなりません。

つまりこの道は、その先達の指示通りに登らねば、絶対に高嶺までは登りきれないという信念、そしてその指図さえ守って登れば、絶対その高嶺に登れるに決っている、という安心感を堅持することができるでありましょう。

この状態を、つまり「安心決定《あんじんけつじょう》」といっているのであります。

こうした決定的な、心の拠点がつかめないから、価値観が現代のように分裂し、多様化し、異種異様に氾濫してしまったのであります。

いわば、このことが、人生を解決する鍵であると思うのであります。仏教が、転迷といい、離苦といい、開悟とか得楽を目的とすることは、結局人間の生きることの決定的な解決なのであります。安心決定して、悟りを開くとか、人間救済といわれることは、最も手近に安心して生きることのできる、一大解決策であるといえましょう。

10 高嶺に月を見る

むら雲のように、煩悩がわき、小波のようにみだれよせる、いまわしく、腹だたしく、しかもあくことのない欲望で、心の中が渦まく状態を、どうしても静めなければ、正常な、しかも清澄な心を保つことができないわけであります。

ほんとうに静かで、うつくしい湖のように、周辺の景色を映しだしているような、そんな安らぎが、時には感ぜられます。

しかし煩悩といわれる風が、たとえそれがホンの微風であっても、吹いてくれば、心は安らぎから、たちまちいらだち始めるのであります。こうなればもはや、人間の心は平静を失い、思うことはもちろん、なすことのことごとはすべて、貪りと、怒りと、愚痴との、いり乱れから、まことの道は歩めません。

せっかく登りかけた高嶺への道は、けわしく息切れがして一歩も進むどころか、逆にまいもどって、叢《くさむら》の中に迷いこんでしまうのであります。

これでは、一歩も登りきることはできなくなってしまいます。

このいまわしい煩悩を、どうしても自力で退治できないものは、永遠に高嶺に登りつめて、美しい月の光を仰ぐことはできません。あたかも水平線の彼方をめざして、ゆけどもゆけども達しきれることなく、難破するか、沈んでしまう小舟のような人生に終るほかはありますまい。

そのために、安心決定して、他力のおかげで、大船に乗ったまま彼の岸に運ばれるように、道なき道を一歩一歩と歩みながら、そのまま高嶺に登りつめる生き方が、念仏を申して生きる生活なのであります。

この道は、老人であろうと、幼な子であろうと、病めるものであろうと、健脚で元気な人であろうと、一人もおきざりにすることなく、悉くのものが、同じ高嶺に月をみることができる生き方なのであります。

苦しみに喘ぎながら、悲しみに泣きながら、この身このままの煩悩のままに、彼の岸にはこんでいただける、安楽な生き方であります。

この生き方こそが、法然上人が身をもってお開きになられた、まず念仏を称えて生きてゆきなさい（念仏為先《ねんぶついせん》）という教えであります。

この教えこそが、凡夫といわれる、煩悩の一つすら断ちきることのできない身でありながら、煩わしく、けわしい人生を解決して、救われてゆく唯一つの道なのであります。

煩悩というものを、どうしても断ちきることのできない弱い人間にとって、これほどよろこびにみちた生き方は、他にあるでありましょうか。

現代でいう一部のエリート・コースを選んだものだけの、人生であるはずはありません。一人のおちこぼれもない、すべてが平等に求められねばならない、尊い生き方の一大実践運動を展開せられたのが、法然上人の「念仏申す生活」であります。

願わくば、もろもろの一切の人びととともに（願共諸衆生《がんぐしょしゅじょう》）生きようとする一大転向だったのであります。

きわめて特定の一部の人の仏教から、大衆のための仏教への、展開であります。

それは、人間が人間として生きてゆこうとする、人間法然としての苦悩のあらわれであり、大衆とともに悩み、大衆の苦しみとともに、よりよき生き方をしようとした、人間法然の悲願でありました。一大碩学としての法然から、凡愚《ぼんぐ》法然への、大きな転換であったのであります。

それは人間なるものへの、法然上人の深い洞察であったからであります。

11 法然上人の生き方

法然上人が、大衆とともに凡夫への道を歩まれた、その生き方とはいったい何であったのでありましょう。

このことについては、唐の善導大師の御著書であります『観無量寿経疏《かんむりょうじゅきょうしょ》』(略して観経疏《かんぎょうのしょ》)との出逢いから、と申せましょう。

法然上人がこの書を、比叡山の黒谷で専ら研学御修行中に熟読せられ、これこそが、すべての人間が救われる道であるとの確信を得られたからであります。法然上人の、いわば信仰確立の上で、安心決定せられた信仰上の、心のお師匠さまが、その善導大師ということになります。

こうした理由から、浄土宗の寺院や、檀家の仏壇に、中央には阿弥陀仏を本尊とし、向って右側にはこの善導大師を、半金色のお姿（上半身は黒衣、下半身は金色）としてお祭りし、左側には法然上人像をお祭りしているのも、その理由からであります。

史実についてのことなどは、すべて省略しておきます（もし詳しく知りたい方は、大本山金戒光明寺発行の黒谷文庫中の一冊「半金色の聖僧善導大師と二河白道」に所収の、拙稿を参考にしてくだされば幸です）。

法然上人は、この善導大師を阿弥陀仏のお身代り（弥陀化身《みだけしん》）と讃仰し、帰依せられました。また、私のすべては、偏《ひと》えに善導大師さまお示しの通りである（偏依善導《へんねぜんどう》）、と明言しておられます。

叡山での御研学御修行中、さきにも書きましたように、当時の山岳仏教とか、貴族仏教といわれたように、一部の特権者だけの教えに、あきたらなかった法然上人にとっては、まさに、善導大師の念仏による阿弥陀信仰こそが、どれほど大きな悦びであられたことでありましょう。

法然上人にとって、『観経疏』が善導大師であり、その教説はまた、善導大師のお説法だったでありましょう。

なぜなれば、念仏三昧発得《ねんぶつざんまいはっとく》によって、書きあげられた『観経疏』こそ、善導大師の念仏信仰の極致であり、生命の結実だからであります。人間の苦悩に悩みぬかれた法然上人の救いであり、同時に大衆悉くの救済道が、これによって確立し、浄土宗の開宗であり、やがて浄土門（念仏によって救済するとした、新宗団）の発足となったのであります。

これに対して、かつての仏教宗団系を聖道門《しょうどうもん》として、総称されるようになったのであります。

12　二河白道《にがびゃくどう》の譬え

法然上人は、この浄土宗の開宗にあたって、いかに人間の苦悩を、どうにもならない人間の悲しい人間性として、これを凝思し、深く人間への見究めをせられたかについて、是非あらかじめ考えておいてもらいたいのであります。

いわば、法然上人のきわめて真剣な、そしてありのままの現実に立脚した、人間観ということについてであります。

天でもない、神でもない、仏でもない、あくまでも、人間が、人間として、どうにもならない人間自体への鋭い洞察であります。

しかし、このことが惨めな人間像であるとともに、人間への深い憫れみであり、限りない慈《いっく》しみであることを、把握してもらいたいのであります。

このために、法然上人が信仰上の師と仰ぎ、すべてを信じ、ゆだねられた善導大師の、譬喩説《ひゆせつ》法《ぽう》を紹介しておきたいと思います。

仏教三大譬喩の一といわれている、素晴らしいものでありまして、これを「二河白道」といって、特に浄土宗においては、欠かすことのできないものとなっています。

二河とは、水と火の波浪、その二河にはさまれて白道《びゃくどう》があり、白い一筋の道を意味するのであります。

われわれ人間が、まず自分をよく知り、そのことによって間違いのない、よりよい生き方をするために、阿弥陀仏のお慈悲におすがりし、念仏を申して生きてゆく信仰生活を確立することが、善導大師の懇切なお導きであり、そのためのお譬えであることを、まず念頭においていただきたい。

本来はその全文をそのまま読んでいただきたいところですが、古文でもあり、なじみにくいと考えますので、意識して要点を書いてみることにしました。

そのために大師の御意図を、適確にお伝えできないことを恐れますが、お許しいただくことにしましょう。

二河とは、水の河と、火の河でありまして、白道とはその間にはさまれた、細く白い道のことであります。

その水の河とは、われわれ人間の限りないむさぼりと慾心をあらわし、火の河とはこれまたわれわれの、怒りや腹立ちや、愚痴にたとえているのであります。

白道とは、その二つの河にはさまれた中で、われわれの心の一隅にある、純真無垢な念仏の信仰生活を、象徴しているのであります。

さて、善導大師は「行者のために、一つの譬を説きて、外邪異見の難を防がん」と示されているように、われわれ人間に、人生という道を修行してゆくものに、あれやこれやとその修行をさまたげたり、また反対に悪行に誘われるような、さまざまな異見や、見解から、正しく防ぎ護ってやろうとの思召しで、この譬えをお説きくださったのであります。

一人の旅人が、人生行路を、西に向って歩きつづけていますと、突然、中に道をはさんで火の河が南にあり、水の河が北にありました。そのどちらもおのおの広さが百歩で、底知れぬ深さであります。

そしてその中間にはさまれた白い道は、幅が僅か四、五寸ぐらいの細い道であります。

この細い白い道は、東の岸から西の岸で、その長さが百歩で、しかも水の河から打ちよせる波のしぶきでぬらされ、火の河からまいあがってくる焔で焼けんばかりであります。

その旅人は、この二河と、白道のありさまを見て、これではとても、と思って空漠な広い処をえらんで、そこへ行ってみると、多くの群賊や、悪獣がいて、ただ独りの旅人であることを知って、先を争って近づき、いまにも殺されそうであります。

こんな恐ろしい処にはおれないと、いそいで西に向って走ろうとしました、が、またあの恐ろしい水と、火の河に落ちるかもしれないと、思案にふけるのでありました。


このまま前へ進んでも死ぬであろう、だからといって、いま後へ退いても殺されるであろう、と、まさに進退きわまったのであります。

いずれにしても、どうせ死ぬのであれば、むしろ、この道に沿って進もう、と決心をいたしました。

そう決心しましたとき、東の岸から、そうだその道を進んでゆけ、必ず死を免れるであろう、との声がかかったのであります。

さらに西の岸から、汝一心に、正しく念じてこの道を進んでくるがよい、くよくよと、後退するような心を起こしてはいけないぞ、という声がきこえてくるのであります。

後からは行けといい、前からは来いという声にはげまされて、一歩二歩進んだでありましょうか。

その道は危いぞ、進めば必ず死ぬであろう。われわれはもう悪心などはもっていないのだから、戻ってくるがよい。

群賊らが、やさしくこのように、誘いの声をかけてくるのでありました。

それではひき返そうと、ひとときは迷いましたが、もうどんな誘いがあろうとも、耳をかさず、阿弥陀仏を念じて進んでゆきますと、しばらくして西の岸にゆきつき、もろもろの災難を離れ、善友（同じ道を歩んでゆく善い友）と喜びあうことができました。

これが、二河白道の譬えのあらましなのであります。

13　わが心の映像

二河白道の譬えについて、概略の意はわかってもらえたと思いますが、善導大師は「次に譬えを合わすといぅは」とつけ加えられています。

つまりこの譬えに対する本来の意味を、詳説して、人間というものを厳しく見究められ、そのどうにもならない人間が、だからこそよりよく生きてゆく道を教えられているのであります。
仏教の専門的な教理を根拠として、念仏信仰によって、人生の生きる指針を、懇切に説き加えられていることは、おわかりでしょう。

その要点を、説明してまいります。

東の岸とは、申すまでもなく、このわれわれの生きている現実の社会のことで、これを娑婆《しゃば》とか、火宅《かたく》とかいっています。

西の岸とは、これに対する極楽の宝国であります。

群賊悪獣とは、総じてわれわれ人間を形成している、物質的、精神的要素を表わしているのであります。専門的にはこれを六根《ろっこん》(眼《げん》、耳《に》、鼻《び》、舌《ぜつ》、身《しん》、意《い》)、六識六塵《ろくしきろくじん》(色《しき》、声《しょう》、香《こう》、味《み》、触《そく》、法《ほう》)、五陰《ごうん》(色《しき》、受《じゅ》、想《そう》、行《ぎょう》、識《しき》)、四大《しだい》(地、水、火、風)として説かれているものであります。

空漠とした広い処と書きましたが、本文ではこのことを「空迥《くうこう》の沢」と示されていて、悪友に従っていて、善知識といわれる立派な人にはあわないところを意味しています。

火、水の二河とは、われわれの貪愛《とんない》を水河に譬え、瞋恚《しんに》が火の河であることは、前にあらまし書いた通りであります。

中間の白道、四、五寸というのは、この貪瞋煩悩の中からこそ、清浄な往生を願う心が起るということを、表わし、
水波や火焔のことは、既におわかりの煩悩の起こってくる状態であります。
東の岸からの声、というのは釈尊の教法のことで、
西の岸の声、とは阿弥陀仏の本願のことであります。
群賊が呼び返す声は、主義主張を異にした心をかまえたものたち（別解別行悪見人等）が、惑乱するさまであります。
先の譬えと合わせて、いま一度お読みくだされば、本意は明らかでありましょう。
要するに、わが心、わが姿の映像として、この譬えをお考えねがいたいのであります。

第二篇　登山状に学ぶ

（勅修御伝第三十二登山状の巻第二章）

登山状とは、法然述として、延暦寺衆徒をはじめとする既成教団の専修念仏に対する弾圧を和らげるために書かれた書状。（中略）

登山状というからには、山門へ送られたであろうが、「先づは弟子のため」または「南都山門のいきどほり」をしづめるために書かれたとし、門弟への教化に重点をおいて解釈している。

―浄土宗大辞典―

14　釈尊の出世にあわざりし

「後悔は先にたたず」という諺があるように、よく考えてみますと、人間とは常にこうした「ああ、しまった、あの時にどうして」ということを繰り返しているものである、という気がするのであります。

そうしてそんなとき、事が大きければ大きいほど、その感を強くいたします。

どれほど些細なことであっても、一つのことをやりあげることができたということは、うれしいことに違いありません。つまり満足できるのであります。

したがって、そんな時には後悔はありません。

「ああ、しまった」、ということの中には、大さいか、小さいかのちがいにしたがって、「あの時に、ああしておけば」という、どうしようもない後悔が残ります。

忘れものをして、気がついたとき、「ああ、しまった」と感じる心の中にも、あのときもう少し念をいれておけば、という後悔もあるでしょう。

いずれにしても、後悔する心の中には、一つの油断があったという結論になろうかと思います。

油断するという心は、いい加減に考えていたからではないでしょうか。ところが、油断して、そして後悔をして、いくら悔しく思っても、とり返しのつかないものがあります。

油断していて、失われたものは、あるいはとり返せるかもしれません。しかし、その時を逃して、永久にえられないものがあります。生きてゆくということは、こうしたことの繰り返しであり、むしろその連続なのかもしれません。

真剣に生きるということは、逆に考えて、こうした後悔をかみしめ、せめて再び繰り返さないことを祈りつづけるのかもしれません。

こうした後悔に気づけば気づくほど、それは無駄な、いい加減な生き方をしてきたということでありましょう。このことに気づき、そしてめざめる生き方が、人間としての尊さをきずくのではありますまいか。

法然上人の「求道」のおこころの中に、どうしようもない、大きな、しかもとり返しのつかない後悔の、人間としての「くやしさ」を拝するのであります。

それ流浪三界《るろうさんがい》のうち　いずれのさかいにおもむきてか　釈尊の出世にあわざりし

闇の夜に、求めれば求めるほど、かくれてしまった月の光がほしいのであります。それはたえられない、大きな悲嘆だったにちがいありません。流浪三界といわれる人の世に生きていることに、めざめ、その迷いの中にある、人間への見究めが厳しくなればなるほど、明るく照らす月への憧れがはげしいからであります。

闇を意識して、はじめて月光のありがたさがわかるように、流浪転迷の身であることにめざめてこそ、大聖の導きにひれ伏された法然上人であられました。

だからこそ、さらに法然上人は、嘆き悲しまれているのであります。

輪廻四生《りんねししょう》の間　いずれの生をうけてか　如来の説法をきかざりし

流転の身であることへの厳しい内省が、どうしてじきじきに、如来の説法をきくことができなかったのであろうか、との恨めしいまでのお嘆きが、いったいむなしく生きているわれわれに何を、教えられているのでありましょうか。

15　説法をきかざりし

戦時中の紙不足で、一冊の本もなかなか手にはいらなかった時代をふり返ってみますと、何もかもが夢のような世の中になりました。

いたるところに、書店ができて、洪水のように出版物を並べています。新聞や、週刊誌類は、一電車ごとに網棚や、座席によみすてられているのが、あたりまえのようになりました。

何もかもが、使い捨て時代をきずきあげてしまったのです。

まことに便利のよい、こんな結構な、都合のよいことはありません。しかし、ほんとにこれでよいのだろうか、と、時たまに気になることもあります。

いまの人びとには、想像もつかないことでありましょうが、もしも統制の時代がきたら、と悪夢のように、昔の欠乏時代のことが、頭をかすめることもあります。

しかし、辛うじて発刊されたザラ紙の新刊書を、必要な部門をぬき書きして、たらい廻しをしたことを思い起こして、ほんとうにありがたい時代になったと思います。

有難《ありがた》い、ということばは、喜びにつながることでありますが、そのありがたいということばは、

「ありにくい」と書きます。なかなか「ありにくい」ことがあったから、「ありがたい」とよろこび、感謝することを意味することばだと思うのであります。

だから、ほんとうに「ありがたい」という心は、「ありにくい」ということをその前提に考えなければ、そんなよろこびや、感謝の心はともないません。

いま、なかったものが、与えられたから、ありがとう、と感謝できるはずであります。また、自分ができなかったことを、してもらったから、ありがとう、とお礼がいえるのであります。

物心の両面にわたって、われわれの日常はこうして、ありがたいづくめの中で、生かされているにちがいありません。

何でもがあり、不自由なく手にはいる世の中になったのだから、この頃「ありがとう」ということばが少くなったのも、あるいは当然なのかもしれません。

改めて講演会や、研究会といって、よい機会が多く与えられながら、主催者側にしてみれば案内状を発送した数のうち、幾割の参加があるでありましょう。

立派なよい会場に集ってくる人の数は、ほんとに数えるほどの、少数であることの多いのに、驚きます。とくに、仏教関係の講演会や、法話に集う人の数にはあきれはてます。

中でもお寺での説教ともなれば、限られた一部の人になってしまいます。アニメーションだ、スライドだと、新しい視聴覚資材で吹聴してみても、どうしてこれほどお寺の法座には、関心が薄れてしまったのでしょうか。

法然上人の内省に根ざした感懐は、決して法然上人ご自身のものではないことを、しみじみと教えられるのであります。

華厳開講《けごんかいこう》のむしろにもまじわらず　般若演説《はんにゃえんぜつ》の座にもつらならず
鷲峰説法《じゅうぶせっぽう》のにわにものぞまず　鶴林涅槃《かくりんねはん》のみぎりにもいたらず

と、お嘆きになっておられます。〔華厳経（＝初めて説かれた）、般若経、法華《ほけ》経（＝霊鷲山《りょうじゅせん》で説かれた）、涅槃経（＝入滅の時鶴林で説かれた）、これらは、仏教の大乗教の代表的経典であります〕

釈尊御在世の、その御法座に連なって、御導きをいただくことが、どうしてできなかったのでありましょう。法然上人のこの御嘆息は、いまわれわれに代ってのご嘆息であり、御教示でなければなりません。

16　はずべし　かなしむべし

求めれば得られ、行けば手に入るこの時代に、どうして、真実にめざめることができなくなってしまったのでありましょう。

いたずらに手をこまねき、自ら積極的に求める心の姿勢を失い、チャンネル一つで与えられっぱなしのテレビ放映（情報化社会）の中に、埋もれてしまったのでありましょう。

一歩戸外にふみ出せば、刺戟の強烈な、ポスター作戦で、行きかう人を煽りたてています。数十種といわれる週刊誌は、妍《けん》を競い、技を争って、眩惑作戦で、店をはっています。自動販売機は、人目をさけて俗悪誌を流しているのであります。

青少年の非行犯罪は、白書や統計の発表で第三ピークだと大きな活字を並べたからといって、どうしてそんな傾向が減少するでありましょう。少女売春が校内にまでおよび、男子の暴走族が検挙されてみても、それらはまさに氷山の一角でしかありません。

子を生み、子を育てながら、勘当《かんどう》の現代版の実態は、その子から親たちがうけているのではありませんか。

薬物乱用という文字が大きくかかげられても、シンナーボンドの常用者は、「こんな世の中で何もすることがないから」とシラをきって、授業を放棄し、「センコ（先生）なんかのお世話になりませんよ」と暴威をふるっているのが、現況であります。

われ舎衛《しやえ》の三億の家にや　やどりけん
しらず地獄八熱のそこにや　すみけん

釈尊ご在世の化益中に、その二十五年間滞在せられたのが舎衛国であり、仏縁の厚いその国でさえ、人口九億中に、三億は仏を拝し、三億は仏の出世を聞き、釈尊のみ名すら知らないものが三億もあったと伝えられていました。まして仏縁のうすい他の国においては、その縁を結ぶこともなく、知らず知らずのうちに、道理や順逆の転倒してしまった地獄生活を、平然とつづけていたのでありましょう。

地獄の一つに、阿鼻叫喚（あび、きょうかん＝一名無間地獄《むけんじごく》）というのがありますが、阿鼻地獄と叫喚地獄のような苦しみに、絶えまなく泣き叫びつづけるので、その間断のない地獄なので無間地獄ともいわれるのであります。

宗教的に考えてみますと、まさしく現代社会の様相は、この阿鼻叫喚の地獄の投影であるといえましょう。泣き苦しむ叫喚でなく、私は現代社会の様相は、まるでがなりつづけている地獄だと思います。いきりたち、騒ぎたち、口いっぱいのことを憶面なくしゃべりたてているからであります。このことを権利主張が過剰になったというのではないでしょうか。

当然の権利主張はまことに結構なことでありますが、義務とか、責任とかいうものからもかけ離れて、得手勝手な権利がここまで主張されだすと、焔熱地獄《えんねつじごく》のように、焔《ほのお》が燃えつづけているようであります。

親子が殺しあい、先生と生徒とが殴りあっているさまは、この世のものではありません。道義が頽廃したとか、モラルの低下などと、恰好のよいいい方をしていますが、実体はまさに地獄八熱の相でありましょう。

小、中学生にまでおよんできた性の乱れをとらえても、人は人としてこの世に生きる、まともな生き方ではなくなりました。

はずべし　はずべし　かなしむべし　かなしむべし

世を憂え、社会を憂え、人を憂えられて、法然上人の切ないやるせなさこそが、大きなお慈悲となったのであります。

17　生れがたき人界に生れ

生れでて、そして育くまれて、こうしていま生きている自分ということを、時には寝静まった静かな夜、考えてみることはないでしょうか。

どうして生れ、どうして育てられ、そしていま、わがこの人生とは、と何の雑音もなく、静かにただ独りで、考えてみることから、私はほんとうの生き方というものが始まるのではなかろうか、と考えるのであります。

過去、現在、未来にわたって、しかもそれは無始無終といわれるように、長い長い億万年を通じて、少くともわが周辺には、まことにさまざまな生きものが存在している中で、たまたま人間として生れたことに、不審をいだかないでしょうか。

生れがたき人界に生れた、という仏教の考え方に、少くとも私は非常に大きな、そして深い意義があると思うのであります。

人間の子は、人間から生れてあたりまえだといってしまえば、それまでであります。事実、犬がおり、猫がおり、雀がおり、蟬がおり、かげろうが、少くともわが周辺のきわめて手近に生れているでありましょう。

多種多様な生物の中で、たまたま人として生を得たことを考えますと、しばしば使われている法然上人の「宿縁《しゆくえん》のいたすところ」というお言葉の中に、無上甚深の義を感じるのであります。だから「生れがたき人界に生れ」ているのであります。

きわめて多様な生物の中で、人間として生れたことのよろこびと、感謝の心からしても、「宿縁の然らしむ」ところであり、さらに「宿善《しゆくぜん》の然らしむる」ところとして、法然上人は、まずもって人界に生れた人間であることへの、奥深い洞察をせられたのであります。

決して、ついでに生れでたような、いい加減な人生であってはならないのであります。生れでた人、それ自体にこめられた、永い過去からの「宿縁」として、かつまた、その「宿善」として、わが今日の生を得たことの尊厳性に、めざめねばならないでありましょう。

だからこそ、無駄な、いたずらな人生であってはならないのであります。

法然上人もしばしばお使いになられていますが、億劫《おくこう》という仏教の術語は、曠劫《こうごう》とか百千万億劫などというように、はかり知ることのできない、長い長い時間を意味しています。

たとえば四方上下一由旬（ゆじゅんといって長さの単位）の鉄城に芥子《けし》を満たし、百年ごとに一つの芥子を取り去り、すべての芥子がなくなっても、なお劫は終らないと説明しています。あるいは四十里の石山を長寿の人が、百年に一度づつ細く軟かな衣で拭きつくしても、なお劫はつづくといい、また四十里の大城に芥子をみたして、長寿の人が百年に一度ずつこの芥子を取り去り、芥子がなくなってもこの劫は、まだ続いているという説明があります。想像を絶した、長時間に譬えているようであります。

まさにいま多生曠劫をへても　むまれがたき人界に生れ
無量億劫をおくりても　あいがたき仏教にあえり

法然上人のこのおことばを通じて、いかに真剣な御心境であられたことでありましょう。かりそめの、あるいは単なる偶然の出逢いといった、決してそんな軽いものではありません。数えきれない超年月を通じて、今日ただいま現に、生きることの現実に即して、生きることの価値と、そのためにこそ仏教にあえたことの無限の喜びの中に、自らひらかれる道を信じて、生きてゆくべきでありましょう。

18　教法流布の世にあうことを

いい加減な、生き方をしてはいられません。脇見をしながら、あちらにふらり、こちらによろめいて生きることなど、できるわけはないでありましょう。

無量の億劫をへてきて、いま考える能力をもち、働くことの五体を具足して、生きているのであります。

されば、正しい生き方とは、そして人として価値あることの生き方とは、せめて人さまに迷惑をかけないで、ほんとうに生きるためには、どうすればよいのでありましょう。

たとえ、釈尊の在世にあうことのできなかったことへの後悔や、悲しみは大きいかもしれません。しかし教法がなお流布しているうちに生れることができた、仕合せをよろこばずにはいられない。法然上人の大きな救いであったのであります。

そのよろこびについて、

たとえば　目しいたる亀の　うき木の穴にあえるがごとし

と、述べられているのであります。

百年に一度だけ水面に出るという、無量寿の盲亀がいて、その浮んだとき、たまたま穴のあいた一本の浮木が流れてきて、その孔中に頭をいれることができた。そのような仕合せにあったようなものであると、およろこびになられたのであります。

たまたま生れがたい人として生れ、そのままでは煩悩にさいなまれながら、迷いの生涯を苦しまねばならない、凡夫としての宿命をになっているものには、仏法がどれほど大きな幸運の助け船であったかということへの、喜びを書き残されているのであります。

釈尊の在世にあわざることは　かなしみなりといえども
教法流布の世にあうことをえたるは　これよろこびなり

仏法流布の世にありながら、ついに仏法を知らずに生涯を終える人も多いでありましょう。

仏道を修め、仏法を信じ、しかも念仏による慈悲救済の道を開かれた法然上人にとって、その教法流布の間に生れでる人びとへの、大きな警鐘であり、慈悲憐愍の情が、ありがたくも感ぜられるではありませんか。

19　菩提《ぼだい》の覚路《かくろ》いまだきかず

欽明天皇十三年、十月一日、はじめて仏法はわが国に渡ったのでありますが、それ以前の人は、全く仏教の恩恵に浴することはなかったではありませんか。

いかに人間として、さまざまに迷い、おのおのが悪道に落ちようとも、その解決のいとぐちさえつかむことができなかったでありましょう。

仏法流布の時代に、その教法をきき、さらには法然上人弘通《ぐづう》の念仏信仰に生きることのできる身にとって、それ以前の人びとの、不安におののき、いたずらに心のすさむあけくれであったことへの、あわれさがわかるでありましょう。そう感じ、それを思えば思うほど、仏法をきき、それを信じ、それを行じることの幸に、ますます精進するほかはないでありましょう。

欽明天皇あめのしたをしろしめて十三年　みずのえ申《さる》のとし冬十月一日
はじめて仏法わたり給いし
それより先には　如来の教法も流布せざりしかば　菩提の覚路いまだきかず

ここにわれらいかなる宿縁にこたえ　いかなる善業《ぜんごう》によりてか
仏法流布の時に生れて　生死解脱《しょうじげだつ》のみちをきくことをえたる

猫に小判とは昔の諺であります。

法然上人のこのおことばを、心しずかに拝読して、肺腑をえぐる思いではないでしょうか。仏教書は氾濫し、好条件にめぐまれて、いつでも、どこでも仏法をいただく機会が与えられています。それでいて、一冊の書物すら熟読しきれないのが、現状ではありませんか。

たとえ読んだとしても、なかなか熟読玩味の域には達しないのであります。

テレビを見、漫才をきき、落語に時を過すことはできても、一冊の仏書にはなかなか手がとどかないのが、世の常になりはてようとしています。

娯楽番組にチャンネルを奪いあいながら、しかしそれでいて、その後の心はどれだけの安らいが得られましょう。欲求不満とか、心の虚脱感といわれながら、はたしてその実体は何であるかさえ、気づくことのできない現状が、現代社会の一般風潮になってしまったのであります。

菩提の覚路も、生死解脱の心も、せっかくの仏教流布の世にありながら、およそ馬耳東風であり、まさしく猫に小判の日常ではありますまいか。

今日を生き、明日にながらえるこの身にとって、それをあらしめてくれた宿縁に、何としてむくいるべきでありましょう。

自分の力で育ち、自分の努力で大学を出て、自分の力量で社会人となれたと思いこんでいる現代人の動向を、いまこそ、そのための宿縁について、深く考えてみなければならない時代だと思うのであります。

それらの、いかなる善業によって、今日を生きながらえているかについて、心をむなしくして、謙虚に内省しなければ、ほんとうに生きることの深さ、ということがわからないということを、法然上人のご法話を通じて、しみじみ考えさせられるのであります。

20　いたずらにあかす

ただ生れたということは知っていても、その生というものが、〝生れがたき人界に生れた〟と気づくことは、なかなか容易なことではありません。

人間として生れたことは、あまりにも当然だと考えているからであります。

仏法流布の時代に生れて、仏法を知るということが、きわめて当然だと考えていることも同じであります。何もかも当然だと思いこみ、その当然の中に慣れてしまっているかぎり、そこに大事な意義を知ることはできません。

それに気づき、そこに深い見直しをすることと、当然だと思いこんでいるものの中に、そうなったという経過とか、つみ重ねということのさまざまな、縁というものの集結であることに気づくべきでありましょう。

それが気づかなかった「宿縁の然らしむるところ」と申された法然上人のみこころでありましょう。しかも「善業によりて」と、うけとれる心の謙虚さに、学ばねばなりません。

こうして生れでたわが人生というものは、容易ではない宿縁のおかげであり、しかも善業のたまものによるものであることに、気づかせてもらえれば、もらえるほど、

しかるをいまあいがたくして　あうことを得たり
いたずらにあかしくらしてやみなんこそ　かなしけれ

この法然上人のおことばが、身にしみるのではありますまいか。

生きることの尊さがわからせていただけるのであり、むだな人生を過しては相すまないのであります。いたずらに生きることどころではなく、これという理由もないのに、われとわが自身から、ダメな人間とし、さらには生命までも奪ったり、奪われる現代人の動向が、目にあまるではありませんか。

誘拐、暴行、殺人という凶悪犯の激増している社会状勢の正常化は、現在の治安行政では、もはやどうにもならない方向を辿っているとしか考えられません。

いまこそ、一人一人が、生れがたくして人界に生れたことの真義をただし、あいがたくしてあうことのできた仏法に生きねばならないでありましょう。

21　むなしくくらし

無常の風、といえば人間が死ぬこと、と大概は考えるようになってしまいました。

これも一つの道理ではありますが、無常という本来の意義は、そんな悲しい、暗い面だけではありません。むしろ無常だからこそ、常住不変へとの積極的な生き方が、求められることばとして頭の切りかえをすべきであると思うのであります。

無常だからこそ、

いたずらにあかしくらして　やみなんこそかなしけれ

と法然上人は嘆かれました。

諸行無常ということばも、一般的に使われてはいますが、ほんとうの無常ということばを、吟味せねばならないと思います。

無常とは常に変わるということで、決して不変ではありません。外界の固定したもの、形あるものを、不変だと考えがちでありますが、そんな錯覚から人生を誤るのであり、何一つとして不変で、常にあるがままであるものは決してない、ということにめざめねばならないのであります。そのことが無常であります。人間が死ぬことだけが無常だなどと考えることは、まことに早計であります。

ものにとらわれ、永遠不滅と考えているから、大きな間違いが起こるのであります。

形あるものはこわれ、万物は常に変化するのであります。しかもそれは、どんなものであろうと、変化し、無常なのであり、まことにそれは平等なのであります。

財産があり、地位があり、名誉があっても、これらのものだけが、無常でなく、不変であるということはありません。人間の生き方を、だからこそ大切に生きねばならないのであります。この無常を基盤として生きてゆくところに、仏教の基本的な人生観があるのであります。

一日たりとも、時々刻々に無常であり、したがって不変ではありません。

だから時々刻々の、ただ今こそが勝負であります。

自分だけが、これだけのものを築きあげたのだから、とあぐらをかいているうちに、必ず無常の風に吹き落されてしまうのであります。

かたときも、じっとしてはいられません。精進《しょうじん》ということは、この心のあらわれであります。

或は金谷《きんこく》（花に酔うた地）の花をもてあそびて　遅々《ちち》たる春の日をむなしくくらし

或は南楼《なんろう》（月見のために建てた高楼）に月をあざけりて　漫々《まんまん》たる秋の夜を

いたずらにあかす

花を愛し、月を仰ぐ風流ごとも、人の心のみやびではありますが、だからといって、いたずらにあかしてはなりません。すべて精進の糧として、無常のためにこそ、よりよい生き方への反省を願われた、法然上人のご心境でありました。

22　千里の雲をはす

人は、おのおの仕事をもたねば生きてはゆかれません。

それは人それぞれに、さまざまであります。志とは裏腹に、予測もしなかった仕事につくこともあり、希望通りの道を歩むこともあります。いずれにしても、思い通りにうまくゆけば、運がよかったとよろこび、不運にあえば、ついていなかったと嘆くのであります。

成功したものが失敗をし、失敗したものが成功をする、そんな起伏もなしに、ただ平々凡々と過すことも、同じ一生でありましょう。

そして、そうした人と人とのかかわりあいの中で、生きてゆかねばなりません。

顔をみるのも嫌だというような感情に支配されながら、それでも互いにことばを交わさねばならないこともあります。ねてもさめても、共にあい、互いに語りあってゆく人だからといって、別れて暮らさねばならないこともあります。

さまざまな人と、さまざまなかかわりの中で、生きてゆかねばならないのが、社会の仕組みであり、人のさだめとでもいうのでありましょうか。

出逢い！　ということばが急に流行したものであります。

一つの出逢いが、その人の生涯を支配するほど、考えてみれば人の出逢いというものは恐ろしく、またそれだけに素晴らしいものであります。

離れることのできない、最も大きな出逢いは、何といっても、夫婦というものでありましょう。星の数ほどあるといわれる男女の中で、ただ一人の男性と、ただ一人の女性が、初めて出逢って家庭を営むのであります。

そうした想像もつかないような、不思議な出逢いでありながら、どうしてこれほど離婚がふえてきたのでありましょう。

もうこの辺で、何とかはっきりした対策を、たてねばならなくなったと思うのであります。喜びにみちたこの出逢いだったことを思えば、それだけに憎しみと、恨みが残るのでありましょう。

親と子のかかわりが、かつて知らなかった、暴力沙汰のあけくれになってしまいました。極めて一部分であるといえばいえるでしょう。しかしその空気が、すべての親と子の中にまで、ひろがってしまった、こんな時代が、かつてあったでありましょうか。

生れでて、祝い、祝われながら育ちながら、一つのはずみというものはまことに恐ろしいものであります。

私は、いまの家庭内の暴力問題が、どうか一つのはずみだけに止まってほしいと願っています。必ず次のまた一つのはずみで、もとの鞘《さや》におさまってもらえると信じたいのであります。他に二つとない、ただ一つの親と子が、血肉をわかちあったものだからであります。

或は千里の雲にはせて　山のかせぎ（鹿）をとりて歳《とし》をおくり
或は万里のなみにうかびて　うみのいろくず（魚類）をとりて日をかさね
或は厳寒にこおりをしのぎて世路をわたり　或は炎天にあせをのごいて利養をもとめ
或は妻子眷属《けんぞく》にまとわれて　恩愛のきずなきりがたし

人として生れ、社会に伍し、そして業（なりわい）に生きながら、いたずらに生きることはまことに易いでありましょう。

しかし蜘蛛の糸のようなしがらみの中で、ほんとうに生きる道を探るために、法然上人は、このような名文を残されたのでありましょう。

23　恩愛の絆

家庭をもち、妻子を養ってゆくことは、一家の人としての責任でありました。収入の道を選べばそれだけで、家族の生育はなりたつと考えてきたのは、日本の慣習でありました。

黙々と留守を護り、子を育て、家庭を整えてきた日本の母の姿を、私は実に尊い存在であったことを、この頃しみじみとありがたいものと思うのであります。

私はこの慣習を、封建的な男尊女卑的なものであると、決して考えたくはありません。この頃女性は女性として職をもち、共稼ぎの家庭は随分増えました。むしろ若い人たちは殆んどそうかもしれません。当然家庭の収入は増加していることも事実でありましょう。

鍵っ子、とか、ふりかけっ子、といわれる問題や、託児所や保育所に預けて通勤することにも、新しい形態の家庭にとって、決して問題はないとはいいきれません。

夫一人が細ぼそと稼いだ少い収入で子養いをした、乏しかった昔の家庭に起こらなかった、いわゆる今日の青少年の問題が、共稼ぎで増収になり、生活ははるかに文化的になったにもかかわらず、どうしてこれほどむつかしくなったのでありましょう。

女性の働きについて、その是非を問うつもりは毛頭ありませんけれど、昔は家のために無収入で働きながら、子育てをした、いわば家のための犠牲的な妻の座に、私はいまさらのように頭のさがるものを、感じるのであります。

これだけ低年齢層の少年に、不良とか、非行や、犯罪までが増加してきた現状を考えますと、決して少年たちだけの問題でないことを、世の親として真剣に考えねばならなくなったと思うのであります。

妻子眷属にまとわれて　恩愛のきずなきりがたし

法然上人はこのように指摘されましたことの中に、時代の変遷とともに、新しい多くの問題をふくんでいることを、現代の社会と、家庭との仕組みを通じて、感じさせられるのであります。過去、現在、さらに未来を通じての、あるいは永遠の課題なのかも知れません。

しかし、だからこそ、法然上人の求道は、道俗（出家、在家）を問わず、人間が人間として開かれる解決の道を、選ばれたのであります。

このことを、心に留めていただいて、通読してもらいたいことを、一言つけ加えておきます。

24 瞋恚《しんに》のほむらやむ事なし

人間とは、所詮、互いに最も親しく、睦まじく交流することを願い、さらには最も愛し合って生きたいことを念じながら、きわめて些細な一つの事柄のために、常にその心とは裏腹に悩み、煩うものなのでありましょうか。

人間の心の葛藤とは、それほど微妙で、かつ恐ろしいものでありましょうか。

シェイクスピアの戯曲が、幾世紀を過ぎた今日の舞台に、なお斬新な演技がくりひろげられて、多くの共感を得ているということは、単に架空の演劇だからでありましょうか。

平和を標榜し、平和を論戦の主題としながら、どうして国政の壇場で、入り乱れた混乱を見せつけられねばならないのでありましょう。真実平和のための、地ならしであり、前提としての基礎づくりであるとして、納得できるでありましょうか。

人と人との話し合いが、これほど強調される世の中になりながら、どうして「勝ちとる」とか「斗争」などと不穏当なことばが連発されるのでありましょう。

法然上人のおことばは、まことに峻烈であります。

　或は執敵怨類《しゅうてきおんるい》にあいて　瞋恚《しんに》（怒り腹だち）のほむらやむ事なし

ふたたび、二河白道の譬えが思い浮ぶではありませんか。

人が相寄り、相語りあう世の中でありながら、これほどの悪条件を、互いに袖の中にかくしもっていなければならぬとすれば、それはぬぐいきれない、人間の悲しい性《さが》なのでありましょうか。それとも宿業《しゅくごう》として、重ねもってきた過去からの酬いとしての、執敵怨類の再会とでもいうのでありましょうか。

　総じてかくのごとくして　昼夜《ちゅうや》朝暮《ちょうぼ》行住坐臥《ぎょうじゅうざが》　時としてやむ事なし

法然上人は人間の凡愚性への、熾烈な深い洞察のもとに、悪業罪重の実態に、居ても起ってもいたたまれない、悲壮観をもたれたのでありましょう。

独り人間自体の問題ではなく、ひいては社会悪への発端者であることへの、大きな不安と、凡愚性の責任を痛感せられたからではないでしょうか。一人も取り残すことなく、万民が悉く救済される、そんな求道への志が、強烈だったからでありましょう。

25　三途八難《さんずはちなん》の業《ごう》をかさぬ

治安、秩序を乱し、法に触れればそれぞれ法の定めによって、その罪をうけねばならないのは、法治国家として当然のことでありましょう。

たとえば殺人をしたものは、獄門とか、さらし首などといわれて、死刑になっています。監獄法に基づいて、それぞれの犯罪種別によって、刑罰をうけて処遇されねばなりません。

人権尊重の立場から、死刑の廃止論も出たようでありますが、現在の極刑としてなお死刑の宣告をうけているのが現状であります。

贖罪として、むしろ報復的であった収容所（監獄、刑務所、少年院等）の処遇は、よりよく社会復帰ができるために、全く教育刑として進化してしまいました。

近く監獄法の改正によりまして、更に報復的色合いは、緩和されてしまうようであります。

これに比べますと、仏教の贖罪は極めて厳しいのであります。それは精神的にあくまでも人間の完成を目的にしているからといえましょう。しかも現世のみに止まることなく、死後の世界においてもなおその責をとらねばなりません。

地獄観がそれであり、反対に善行者には極楽への恩典があります。

極刑の厳しい地獄相を強調しているのは、現存中の、人間としての生き方を、できるだけ正しく、心を清浄にしようとする、廃悪修善の生活をすすめようとしているからであります。

現在をよりよく生きるために、過去の経歴と、さらに未来に向っての明暗を、正確に把握させようとする、つまり三世にわたる人生観に徹底した、生きる指針を堅持させようとしています。その場限りの、場当り的な、いい加減な生き方であってはならないのであります。

こうした厳しい生活指針を、目標として生きる人間にとって、果してそれに耐えられる機根を備えているだろうかという、人間それ自体への極めて峻厳な、洞察と反省にとりくまれたのが法然上人であります。人間に対する、大いなるあわれみであり、かぎりなき慈しみの教導が、やがて法然上人の念仏開宗につながったといえましょう。

かくのごとくして　昼夜朝暮行住坐臥　時としてやむことなし

これがうそ、いつわりのない、人間凡愚の正態でありました。

ただほしきままに　あくまで三途八難の業をかさぬ

これが人間の実態であることを、法然上人は究めつくされたのであります。

三途とは、地獄、餓鬼《がき》、畜生《ちくしょう》の三悪道を申します。

ちなみに地獄とは地下にある牢獄を意味し、現世に悪業を行ったものが、死後その報いをうけるところであります。

罪業によって、その結果として報われる生存の状態や、環境がそれぞれ別であります。中でも地獄八熱といって、①等活地獄、②黒縄地獄、③衆合地獄、④叫喚《きょうかん》地獄、⑤大叫喚地獄、⑥大焦熱地獄、⑦極熱地獄、⑧阿鼻無間《あびむけん》地獄、がその代表的なものとなっています。

いずれも現世の罪業によって、その落ちる地獄が違い、重い罪業ほど、苦の重い地獄にゆかねばならないとしています。

地獄はおろか、少しでも楽土に行こうとすれば、それだけ悪を廃し、もろもろの善を行わねばならないことになるわけで、目的は現世に善を行い、よりよき生き方を貫徹させようとした、仏教的倫理観でありましょう。

正しく、より幸福な生活を望む人間でありながら、どうして実際はそれにかなわず悪業をしなければならないのでありましょうか。

26　念々の中の所作《しょさ》

しかればある文には　一人一日の中　八億四千の念あり
念々の中の所作　皆これ三途の業といえり

いかに人間は、生きること自体、念々による所作の他にはないことを、法然上人は看破せられたのであります。

その念たるや、一日の中に八億四千の念が、あるときは小波の打ちよせるように、またあるときは蜘蛛の巣の交錯のように、さまざまに働くのでありましょう。

悪を廃し、善を修することを願いながら、絶えずこうした念の発動によって、それを害し、損われると考えるのであります。

そのつづまるところは、三毒による三悪道の循環であります。

仏道を修せんとする、すなわち発心求道の心が切であればあるだけ、法然上人の眼光は、醜い人間の煩悩葛藤が、紙背に徹したのであります。

諸悪莫作　修善奉行　自浄其意　是々仏教

所詮仏道修行は、時々刻々の精進であり、片時も心ゆるすことのない、無間断の継続というほかはないのでありましょう。

人間の凡愚性を深く見究められた法然上人は、だからこそ万人ひとしく、この望ましい生き方の貫徹を、何によって全うすべきであろうかに、心を千々に砕かれたのであります。

身は一山の碩学《せきがく》と仰がれ、智慧第一の法然房と羨望されながら、法然上人の心の苦悩は、永遠に深まるばかりでありました。

仏教とは、法然上人一人が救われるものではない。智慧あるものも、智慧なきものも、一人の落ちこぼれもなく、すべてのものが、仏の慈悲に浴するものでなければなりません。

悪人は悪人として、煩悩具足の身は、煩悩具足のままに、易々として歩むことのできる仏道が、法然上人にとっての、唯一つの悲願となったのであります。

27　栄花は夕べの風に散る

あしたに咲いた栄花は、ゆうべの風が吹けば散るでありましょう。ゆうべに宿った露も、あしたの日には消えるでありましょう。自然のこの事実と道理を、よくわきまえてさえおれば、人生の苦も半減するでありましょうし、悩み煩うことはありますまい。

そうはいっても、この事実を忘れ、道理をわきまえることなく、その花の美しさに心を奪われ、朝の露に執着するのが、人間としての心であります。一度栄えて、花が咲けば、常にそのことを願いつづけて、花が凋み地に散ってしまうことに、気がつかないのであります。

だからあでやかな花の美を、常に憧れつづけるのであります。花は一朝にして、咲くものではなく、そのために大地を耕して種子を植え、施肥をし、水をやり、季節を待って咲くのであります。

それあしたにひらくる栄花は　ゆうべの風にちりやすく
ゆうべにむすぶ命露《めいろ》は　あしたの日に消えやすし

これを知らずして　つねにさかえんことをおもい
　これをさとらずして　久しくあらん事をおもう

法然上人は、この無常観に徹し、そのためにこそ、永遠の常住を願い求められたといえましょう。一朝の花に目をくれることなく、永い日の培いを忘れることなく、それでいて、人間というものの実態のみにくさを通じて、警告をせられているのであります。

しかるあいだ無常の風ひとたびふきて　有為のつゆながくきえぬれば
これを曠野にすてて　これをとおき山におくる
かばねはついにこけのしたにうずもれ　たましいは独りたびのそらにまよう
妻子眷属は家にあれどもともなわず　七珍万宝はくらにみてれども益もなし
ただ身にしたがうものは後悔の涙也

人は何のために生れ、何がために苦しみ、何がために生を終ろうとするのでありましょうか。喰うために働くのか、働くために喰うのか、他をかえりみることもなく、我を知ることもなく、あくせくとして、ただなきがらとなって、朽ちはててしまってよいのでありましょうか。

生れがたき人界に生れたことに、めざめないかぎり、人間の生涯とはいかにもあわれな存在ではありませんか。行動の自由も、その機能のすべてを失ってしまってから、気づいたのでは後のまつりであり、「ただ身にしたがうものは後悔の涙」の他にはありますまい。

28　むなしく三途に帰ることなかれ

人間の死後はどうなるのでありましょう。考えれば、あいまいもこととして、つかむものはありますまい。極楽がある、地獄があるといっても、見てきたものはおりません。それを信じるとか、信じないかの以前の問題として、どうお考えになりますか。

死ということによって、なきがらが灰と白骨となって、これでさよならということで、気持がわりきれてしまうもので、ありましょうか。この世ですごしたこと、後に残した肉親と何らかのかかわりがつづき、またどこかで自分というものが生きているような、未来につながったどこかがあってほしい、との願いが起こらないでしょうか。

欲をだし、精を出し、さまざまに働けば働いてきたものほど、私は何かわからないがそんなような、過去と未来とのかかわりというのか、つながりがあってほしいと思うのであります。

それがもし、極楽か地獄であるとするならば、地獄よりは、極楽の方へゆきたいと願うのは当然だと考えるのであります。それではどうすれば、怖くて恐ろしくて、苦しみのある地獄ではなく、安楽で清浄な極楽へ行くことができるであろうかと、誰もが考えて当然だと思います。

こういう考えが宗教だとか、仏教だとかの教義や、信仰ということを離れて、平静に生れてきた生身である人間としての、素朴な感情ではありますまいか。

こういう人間としての切実な願いが、やがて純化され、仏教の教えによってさらに高まって、その世界を信じて生きようとすることが、いわゆる信仰というものであります。

法然上人は、苦悩にみち、煩悩にさいなまれる人間性を、厳しくみつめられましたから、そういう惨めな、醜い感情にみちた人間であるからこそ、より清く、より美しく、より善い境涯を熱望されたのであります。

極楽往生ということは、平凡に云ってこういう心境を意味しています。しかし世間一般にいわれているように、死んでゆくことではなく、往いて生れる、ということであります。

より善く、より清く、より安楽な生き方を願いとして、凡愚であるお互い人間が、その身そのままで、よりよく生きて往こうとすることが、法然上人の念仏生活となったのであります。

すみやかに出要《しゅつよう》（迷いを離れ出離する要道）をもとめて
むなしく三途に帰ることなかれ

このおことばに覚め、このおすすめに従って生きてゆくことが、法然上人のお慈悲による念仏生活であります。

29　一期《いちご》のいのちくれやすし

仏教は「八万四千の法門なり」といわれています。

その教法はまことにひろく、その奥義は底《そこ》いなく深いことを意味しています。

また「無上甚深微妙法《むじょうじんじんみみょうほう》」ともいい、その教えこそはこの上もなく尊く、はかり知ることのできないほど深くて、みごとな、すぐれた、いうにいわれない不思議さをもったものであるといわれています。

このすべてにわたって通じようとすれば、生涯の命は終ってしまいましょう。

ひろく諸教にわたりて　義を談ぜんとおもえば　一期のいのちくれやすし

ましてわれわれ知恵なく、思慮浅いものからすれば、その一部をかじりかけては、あれこれと知ったかぶりをして、論じたてるでありましょう。その一部分のみの浅知恵から、互いにそねみ、互いに是非を論じあって、時を費しているのが、正直な実態であろうと思います。

法然上人は叡山御研学中に、こうした学徒間の論陣の渦中にあって、いたいほど見聞されたのであります。

説のごとく修行せば　みなことごとく生死を過度《かど》（渡りきる）すべし
法のごとく修行せば　ともにおなじく菩提を証得すべし
修せずして　いたずらに是非を論ず

このことは決して、当時の仏教学徒にとどまりません。人の相寄るところ、必ず主義主張のつっぱりあいであります。

とくに今日の社会現象として、各人各様の価値観の多様化にともなって、いいたい放題と、情報過剰の渦中にあることが考えられるのであります。

「実践躬行《じっせんきゅうこう》」とか、「卒先垂範《そっせんすいはん》」ということばさえ消えてしまいました。まさに「修せずして、いたずらに是非を論ず」の時代といえましょう。

ただすべからず修行すべし
いずれも生死解脱のみちなり

このおことばは、法然上人の念仏一行への、決意と実践となったのであります。

しかるにいまかれを学する人は　これをそねみ
これを論ずる人は　かれをそしる
愚鈍のものこれがために　まどいやすく
浅才の身これがために　わきまえがたし

仏道修行を志しながら、人間煩悩の葛藤が、法然上人にとっては耐えられないことであり、同時にそこに人間としての真の醜態を、見とどけられたものと考えるのであります。

一期のいのちくれやすし、とまでいわれるほどの仏道修行の難行にありながら、このていたらくでどうして、ほんとうの道が開けるでありましょう。

これについて、興味深い譬喩があります。長生して仏法を学ぶために、蓬萊《ほうらい》山、方丈《ほうじょう》山、瀛洲《えいしゅう》山という三山に、不死の秘薬があるというので、探し求めさせてはみたが、いずれも途中、舟の中で年を過してしまったということであります。

いま一つは、長生のために仙人の法を伝えたものがいました。

この人は「仏法の中に長生不死の法があるとすれば、この仙人の法に過ぎることはあるまい」と問いただしました。

三蔵法師（当時仏教の一人者）は、これを聞いて地に唾をはいて、そんな仙法のどこにそんなことがあろうか。もしあったとしても、しばらくの長生であって、やがて三途に帰るであろう。

これこそがと示されたのが『観無量寿経』であって、これにより修行すれば「さらに生死を解脱すべし」と教えられ、長生不死の仙経をたちまち焼きすてたと伝えられていることであります。

この『観無量寿経』こそが、法然上人の念仏信仰への、開眼となったのであります。

事や、言に迷わされることなく、ひたすらに「ただすべからず修行すべき」ことの他にはなく、この法然上人の堅固な信念が、やがて「ただ念仏申すことの一行に」展開されることになるのでありすます。

第三篇　一枚《いちまい》起請文《きしょうもん》に学ぶ

一枚起請文とは建暦二年（一二一二年）一月二三日、京都東山大谷の禅房（知恩院の勢至堂）において、つねに法然上人の給仕をしていた弟子源智が、上人の命終の近いことを感じとり、師匠法然に対して自筆による浄土宗の肝要を懇望したので、これに応じてしたため授与したものである。

—浄土宗大辞典—

「浄土宗の安心起行この一紙に至極せり」とありますように、浄土宗徒はあらゆる勤行時に、心をこめて拝読しているものである。

30　往生するぞと思いとりて

念仏生活と申しましても、いざ念仏を称えてまいりますと、これでよいのだろうか、との疑いや、迷いがわいてまいります。

念仏とは、いったい何なのであろうか。

その念仏には、どんな意味があるのだろうか。

しかもその念仏を申していれば、どうなるのであろうか。

念仏と仏教の教法との関係は、どうなっているのであろうか。

そんな理論とは別に、ただ申してさえおればそれでよいのだろうか。

たしかに、そうしたことが、少くとも気にかかることでありましょう。

法然上人は、念仏を称えることを根本として、浄土宗をお開きになられたかぎり、その念仏には厳とした、筋金をいれておられるのであります。

もろこし我が朝に　もろもろの智者達の沙汰し申さるる　観念の念にもあらず

また学問をして　念のこころをさとりて　申す念仏にもあらず

ひとくちに申しますと、このおことば通り、あれこれと、小理屈を考えて申すような念仏ではない、と明確に教示せられたのであります。

ただ　往生極楽のためには　南無阿弥陀仏と申して　疑いなく

往生するぞと思いとりて　申す外には　別の仔細《しさい》候わず

きわめて単的に、しかも明確にお示しになられています。強い信仰心の現われと、深く仏教を学びとられた結晶であります。

ここで、往生ということについて、少しふれておかねばなりません。

くたばったとか、困ったときなど、よく「往生した」などと、たいていの人は多くの場合、使っているようであります。しかし本来の意味は決してそんな消極的なものではなく、むしろ積極的な前進的意味があるのであります。

往生とは死ぬるということには候わず

往いて生ると書いて候

念仏の興隆に力をつくされた徳本上人のおことばだということでありますが、一般世間で使われている往生の意味とは、むしろ裏腹でありましょう。したがって、同上人は

死ぬがために申す　念仏にはあらず

生きて往かんがために　称える念仏にて候

このように念仏は、明るく陽気で、輝く前途の明日に向って、念仏申すことでなければなりません。そのために今日を、よりよく生きるための念仏生活でなければなりません。

31　智行を兼備するもの

人間は、機とか、機根というものをそなえていると教えています。むしろこの考えからすると、人とは機であるといってよいかと思います。

別のことばでは、人間というものの器《うつわ》とも申します。つまり器量ということで、どれだけのものがうけいれられ、またその人間にはいっているのかというように、はかられるからでありましょう。

したがって、同じ往生を願って生きてゆく人にとっても、その機というものの内容には、それぞれ違いがあるというのであります。

そのことを「種々念仏往生《しゅじゅねんぶつおうじょう》機《き》」と総称して、五種別にして説明しているのであります。

まずその一は、「智《ち》行兼《ぎょうけん》備《び》念仏《ねんぶつ》往生機」といって、この種別の機に入るものは、俗にいう優等生組に当るのでありましょう。

一悪も許さず、微塵も怠らず、智と行とを兼備して、念仏するもの。

このような枠内に入るものの機根は、よほど秀れているものであって、そう幾人もないのが本当かも知れません。

一悪もなく、諸善を奉行するものであり、微塵も怠けることのない精進専一のものであります。

だからこそ、当然智慧が秀れ、行動の実践も兼ね備えている優秀者なのであります。

この機に属するものは、独り念仏に限らず自力をもってしても、仏道の修行は完全にやり通せるわけでありましょう。このような完璧に近い機根に恵まれているのでありますから、念仏申せばまさに鬼に金棒ということでありましょう。

しかし、それは人間であるかぎり、この種に属するものは、はたして幾人がえられるでありましょう。一人の落ちこぼれもなく、すべてのものが往生できるためには、規準を最低にもたねばならなくなるのであります。

智慧第一と称せられ、学行兼備でありながら、法然上人自らが、どうして凡愚の道を選ばれたかという点に、真の宗教人としての、謙虚な純粋性に立脚せられたと考えるのであります。智慧秀でたものの一部にとどまらず、万人が救済される万人のための宗教開顕の姿勢に、われわれ凡愚者の限りなき悦びを痛感するのであります。だからこそ法然上人の念仏門こそが、大いなる慈悲の宗教として、感謝すべきだと考えるのであります。

32 義《ぎ》解《げ》のもの

「義《ぎ》解《げ》念《ねん》仏《ぶつ》往生機」というのが、第二の種別としてかかげられています。

つまり義を解することでありますから、仏教聖典を義解することができ、ひいては書疏といわれる経典部類についての、関係抜録などを、充分解読し、理解して、念仏申すものの部類にはいっているものであります。経典類を読破し、それを解釈する能力をもつ機を備えた部類に属している、いわば学究者としての素質に恵まれているものであって、念仏を申すのでありますから、当然往生できる機であるというのであります。

今日の学歴社会からの考え方で、あてはめてみますと、大学へのエリートコースを歩むことのできるものたちに属するのではないでしょうか。しかし博士コースを歩んでいるとしても、念仏を申すものでなければ、往生は不可能であることは当然であります。

私はこれに関連して考えますことは、まさに現代の様相は、この義解の機に育てあげようとしている社会思潮を思い浮べるのであります。

あるいは学問偏重ということなのかもしれません。頭でっかちの人間養成に躍起し、過熱時代をもたらせた結果の、かずかずの悲劇が思いだされるのであります。

ただ念仏者としての条件が加えられていればこそ、まさしく往生機であります。

このことは、現代教育においておき忘れ、今日の偏重した人間形成に、いわゆる人間回復を要請している実態を、連想するのであります。疎外され、喪失された、枯渇人形や、空漠精神のロボット群を造成していたことを、真剣に考えてみるべきでありましょう。

第一の智行兼備の往生機は、恐らく数指の範囲の特定者に限られるでありましょうが、この義解往生者は、それもその域に達することが、むしろ単なる目標に終っている現状ではないでしょうか。

どうしても念仏を加えないかぎり、すべては失格者の群像を造成しているとしか思えないのであります。

33　持戒のもの

仏教は、戒を保つことが、必須の条件となっています。

戒とは仏教者としての、行為の軌範であります。この軌範をふみはずす者は、仏教者としては失格であります。仏教者として、犯してはならない生活軌範であります。それだけに犯したものはそれぞれの罰則が定められていました。

現代の交通事犯の激増している一例に比べましても、道交法を遵守することが、いかに困難なことでありましょう。

まして精神面もふくめた仏教の戒を保つことは、容易でないのが、至当であるかもしれません。

第三は、「持《じ》戒念仏《かいねんぶつ》往生機」と申します。五戒、八戒、十戒から二百五十戒といわれる持戒者が、念仏申してこそ往生できるという部類のことであります。

わがこの身は　戒行《かいぎょう》において一戒をもたもたず

法然上人は、このようにお嘆きになられています。

せめて犯すまいと精進念仏するものの部類に入る機根を備えたものが、往生できるとせられたのが、この「持戒念仏往生機」に属するものであります。

持戒を破ることから最少限にくいとめようとするのが、仏道修行の精進ということであります。

一戒すら保つことのできないものが、どうして往生という大業がはたされるでありましょうか。

だからこそ、そんな凡愚のために、念仏さえ称えれば往生できる、という浄土門の奥義によって、開宗せられたのであります。

浄土宗では、そのために、「授戒会《じゅかいえ》」といって、別時別行を勤修するのが、慣例となっているのであります。ついでながら、この「授戒会」は、念仏信仰の奥義を説く「五重相伝」とともに、浄土宗におきましては、極めて大切にして重要な行事として伝わっていることを申し添え、できればこれらの勝縁に、逢われますことをおすすめしておきます。

34 破戒のもの

法治国家でありながら、その法がなかなか守られず、毎日毎日反則や、違反をくり返しているのが、いまのわれわれの社会であります。

仏教の教団には教団として、とくに出家は出家者として、仏弟子として定められた釈尊の戒しめがあるわけであります。これが先項でもふれておきました「持戒」ということであります。

求道者として、とくに釈尊の仏弟子としての生き方には、当然一定した規則があります。随犯随制《ずいぼんずいせい》と申しまして、釈尊から規定したものではなく、弟子が増加して、教団が組織化されるようになりますと、多くの弟子中で誰かが事件を起こします。

その事件が起きたたびに、釈尊はこれをたしなめられ、次回からこういうことのないようにと一つの規則ができていったもので、やがて二百五十戒から五百戒にも及んだといわれています。仏弟子としてのこの戒を保つことができず、つまり破戒者でありますが、仏の慈悲にすがって念仏申すことのできる部類のもので、これらに属するものを、第四の「破戒念仏往生機《はかいねんぶつ》」というのであります。

このようによく考えてみますと、同じく念仏申すことを志してみましても、その人間としての機根によって、第一の優秀組から、第二、第三と逐次、質が変わっていることに、気づくでありましょう。

信機と申しまして、法然上人は人間の機にしたがって、機に応じて善導せられたのであります。

法然上人御一代の御説法は、念仏を申させそのおかげによって往生の道を歩ませるために、まずもって、人それぞれの機を知らせることに終始せられたのであります。

35 愚鈍のもの

第五には、「愚鈍念仏《ぐどんねんぶつ》往生機」と申して、文字どおり、人間とはつまり愚鈍なものであることに気づき、だからこそ念仏申して往生しようとする部類に属するものであります。

往生できる機根を、一応以上の五種類に分類してありますが、その共通点は、ともかく①疑うことなく信心をもち、②怠ることなく精進ができ、③わが力を過信して自力本位ではなく、おまかせできる心をもち、④その心はきわめて謙虚であること、を具備しているのであります。いいかえれば、このような心を持って念仏できるものが、すべて往生できるということであります。

法然上人は、一応往生することのできるものたちを、その機に随って、以上の五種類に分類されていますが、第五の「愚鈍念仏往生機」を、浄土宗の念仏申す対象者として、重点をこの愚鈍なるものに集中して、開宗せられたのであります。

一文不知の　愚鈍の身になして
ただ　往生するぞと思いとりて
念仏するもの

こういう人こそが、「愚鈍念仏往生機」というものであり、法然上人の浄土宗を開かれた目的が、これらの人を悉く救済しようとせられたのであります。

機の秀れた一部の人だけが往生できるのではなく、愚鈍なものにいたるまで、たとえ一人も残すことなく、悉く往生させるための、慈悲の念仏宗を、めざされたのが、法然上人の念仏開宗となったのであります。

愚に還って、念仏申すということが、この本領であります。

およそ、宗教の極致というものは、このように自分自身が謙虚になることでありましょう。

小さなわが智を傘にしているあいだは、とうてい念仏など申すはずはありますまい。俺が俺のこの力でと、うぬぼれてしまうからであります。

そのうぬぼれている「俺が」というものを、確実に、しかも徹底して見究められたのが、法然上人の人間が人間として救われねばという、念仏信仰に展開せられたといえましょう。

36　まことの心　―三心の一―

何事によらず、人として生きてゆく過程において、自分が「こうだ」と信じて行ってゆくことが大事なことに違いありません。自信をもって、やってゆくということでありましょう。

そのためには、疑いをもつようではまだ本当のものではありません。

法然上人が、念仏にて往生することを教えられたのも、その通りであります。まして信仰の世界というものは、このことで筋を通してゆくべきものであります。


南無阿弥陀仏と申して「疑いなく」往生するぞと「おもいとりて」申す外には、「別の些細」候わず。


このことを唯一の信条として、脇目をふらないことが肝要なのであります。

ひたすら、ただ一筋の道を歩んでゆく、その心構えについては大切なものがあります。

それを、三心《さんじん》といい、四修《ししゅ》と申しています。

三心とは、三つの心でありまして、その一つは「至誠心《しじょうしん》」と申します。文字の通り、まことの心であり、真実の心のことであります。

往生は世にやすけれどみな人の　誠の心なくてこそせね

法然上人は、このお歌を残されています。

いかに念仏さえ申していれば、往生は疑いなくたやすいことであるとしても、称えるものの心は、うそ、いつわりでは許されません。何事によらず、人は人としてゆくためには、このまことの心を失って、いい加減な心で、ていさいよく、その場をつくろっているようでは決して長くつづきません、必ず尻尾をだしてしまうからであります。

昔から、「至誠天に通ず」ということばがありますように、至誠一貫、その事に当ってさえいれば、いつの日か必ず、目的が達成するといわれています。それに比べて、うそ、いつわりは、その場をごま化すことはできたとしても、必ず化けの皮がはがされるとしたものであります。

明治天皇の有名な御歌の中に、

目に見えぬ神のこころに通うこそ
　人の心の誠にぞありける

このように至誠の心をお詠みになっていられます。

神仏に向う心に、どうしていい加減な、うそ、いつわりで通すことができるでありましょう。

念仏申す心も、当然このまことの心（至誠心）がなければなりません。

37 一念疑わず ―三心の二―

第二の心とは、「深心《じんしん》」ということであります。深く信じるという心のことであります。

浅い、通り一辺の信心ではなく、心をこめた深い心でなければならないことをいっているのであります。ものを信じないで、いい加減な心であったら、その心も浅い、いい加減なものにちがいありません。

深い心の信心ということばに、私はきわめて意義深いものを感じるのであります。

ほんとうの人生を味わって生きるためには、私はどうしても、この「深い心」で、ものを見、ものを考えることだと思っています。これに反して、浅い心で、ものを見、ものを考えるようでは、まことに淋しい、薄っぺらな、味気ない人生だと思うのであります。

なさけ深い、とか、思いやり、とか、心づくし、ということばがありますが、考えてみますと、これらの心の状態というものは、すべて、「深い心」だと思うのであります。ものに対し、さらには、人の心に対して、おもいやり、心をつくし、なさけ深く、接することによって、どれほど「深い心」が通じることでありましょう。

浅はかではなく、思慮分別のある、思いやりのこもった、まことの心というものが、「深心」というものではないだろうかと、この頃つくづく私は考えているのであります。

このような深い心というものは、単なる人の心ではなく、これこそ、「深い信心」からにじみでてくるものだと思うのであります。

きょうは、ごはん一膳、いただくことができた。

このご飯一膳いただくことで、ただ嬉しく、ただありがたかった。

貧農の家庭で、幼少の頃粥や、粟が常食だったため、ご飯一膳いただけた時は、ただそれだけで、そう感じたというある作家の話をきいたことがあります。

私は、ごはん一膳をいただく、こんな心が、どんなご馳走をいただいても、あたりまえのことで、何とも感じないで食べる心とはちがって、どれほど「深い心」であろうか、と思うのであります。「深心」という、信心のことばに、私は非常にひかれるものがあります。

念仏申す心としては、どうしても欠かせないものにちがいないと思うのであります。

38　願うこころ　―三心の三―

念仏申す心として、いま一つどうしてもなければならないものは、「回向《えこう》」ということ、あるいは「発願心《ほつがんしん》」ということであります。

これが第三の「回向発願心《えこうほつがんしん》」、として説かれています。

回向とは、心をふりむける、あるいは捧げることであります。心のすべてを、あなたさまにふり向ける（手向ける）ことで、発願心とは、どうかこのようにあらしめ給えとの願いを起こすことであります。何かを願い、何かを祈るときは、心のすべてを投げだして手向け、どうかかなえてくださいますようにと、おすがりするものであります。

こうした心の状態が、回向であり、発願心というものでありましょう。

法然上人の回向発願心は、総じて、

　願わくはもろもろの衆生とともに
　安楽国に往生せしめ給え

と、いうことの他にはなかったのであります。

一毫の疑念もなく、わが心のすべてを投げだして、往生安楽国への祈りこそ、宗教の極致であり、念仏者の悲願というものでありましょう。

これで三心ということの意義の説明を一通り終りましたが、総括してこの間のかかわりについて申しますと、目的はあくまでも安楽国に往生せしめ給え、という回向発願であります。この願心に、何らのうそ、いつわりもなく、虚飾もない、真実でありますことが、至誠心ということであります。

このまことの心で念仏申し、往生することに、何の疑いももたないことを、深心というのであります。

このような、真実心と、深い信心とをもって、往生するために、わが行為のすべてを、ふり向けることが、回向心であります。

一応三心とは説いてまいりましたが、こうしたかかわりにおいて、わが願心に何のいつわりも、疑いもなく、まことに往生を願う心の中に、おのずから三心は具足することになるのであります。

三心の申し候もふすねて（すべくくりて）申す時は　ただ一の願心にて候なり
その願う心の偽らず　かざらぬ方をば至誠心と申し候
この心の実《まこと》にて念仏すれば
臨終に来迎すということを　一念も疑わぬ方を深心とは申し候

いかにまことの真実心をいだき、どれほど深い信心をいたしましても、それらを一つにして、乞い願う的がなければなりません。

法然上人は、この的を、往生安楽国とするところに、われわれ凡愚者が悉く救われるからであるとして、念仏申す浄土宗を開かれたのであります。

39　恭い敬う

さきの三心は、要するに心の持ち方ということでありましょう。しかもその三心も、総括して「往生させてもらいたい」という、回向発願の心におさまってしまうべきでありました。

これから申します四修というのは、そのための作業《さごう》つまり四種類の修行であります。

その一は、「恭敬修《くぎょうしゅ》」でありまして、恭とは形の上においての恭《うやま》いであり、敬とは心の上からの敬いということで、いずれも敬うことの修行であります。

憍慢《きょうまん》といわれる、おごり、たかぶる心を退治して、謙譲の徳を育てあげてゆくことであります。恭敬礼拝《くぎょうらいはい》ということばをよく用いますが、恭敬の心行がほんとうに徹底すれば、当然自ら礼拝せずにはおれなくなるものであります。謙譲な心身の表現でありましょう。

仏を信じ、仏に帰依し、仏に願生の心があればあるほど、恭敬礼拝しなければおれなくなる、つまり、信の極致としての現われであるといえましょう。

もっと一般的に申しますと、合掌の生活ということなのかもしれません。

敬い、感謝し、悦ぶ心がなければ、ほんとうの合掌もできません。

心から尊敬の念が生じれば、形となって現われるものが、この合掌であり、礼拝とならざるをえません。軽視し、粗末にする心が少しでもあれば、このような恭敬ということは起こってこないのであります。

このことを考えれば、人が生きる姿の中で、これほど尊く、最高の表現はないと思います。

先に説明してまいりました、至誠心にしても、深心にしても、回向発願心にしても、こうした三心が生じ、具わってくると、当然恭敬礼拝の姿となって、現われるものであります。

日常生活はこうして、浄化され、ゆかしく、つつしみあい、うるおいの暮しが実現してまいることはいうまでもありません。

まして「往生安楽国」の願心からは、恭敬修が行われるのは、理の当然であります。

むしろ、往生安楽国のためには、恭敬修を行じなければおれなくなるものであります。

40　二兎を追わず　間断なく

第二は「無余修《むよしゅ》」と申します。字の通り、余のものなしということで、この他には何もない、ただこのもの一つということを意味します。
二兎を追うようなことではなく、両道をかけることでもない、唯一筋にこの道を選ぶことであります。そのただ一筋の修行をすることとは、どの道でありましょうか。
ただ求めるものは、西方浄土であり、
ただ帰命《きみょう》するものは、阿弥陀仏であり、
ただ称えるものは、南無阿弥陀仏であります。
法然上人の往生極楽のために修むる行は、この他にはないのであります。

第三は「無間修《むけんじゅ》」ということであります。

間のないことですから、間断したり、途切れてはいけないということであります。どれほどよいことをしましても、それだけで後に続かねば、どうにもなれません。資力がなくなったから、やめてしまうとか、失敗したからもうやめるとか、非道い目にあったから馬鹿らしくてやれないとか、といった、たとい身は逆境におちても、なおかつ間断することなく、途切れることなく、持続することが尊いのであります。何かに順調で、都合よくいったから、とただその時だけ修めるということではいけないのであります。

いかに順境にあろうと、どんな逆境にあおうとも、途切れず、怠らずに修めることであります。いかに粗食でありましょうとも、毎日毎日欠かさずいただくことが健康の基であります。山海の珍味で豪華なご馳走を、一度にいただいて、腹をこわしてしまったのでは何もなりません。ともかく間断なく、途切れず、怠けることなく持続しますことを、無間修というのであります。

兎と亀との噺のように、いかに速い兎でも途中で居眠ってしまったのではどうにもなりません。一歩一歩とのろい亀でありましても、同じ調子で休むことなく、歩きつづけたから、兎を追い越して、お山の頂上まで登ることができたのであります。

この亀の休むことのない歩みが、無間修ということでありましょう。

最後の第四が、「長時修《じょうじしゅ》」であります。
長時という長い間とは、一生涯のことでありまして、つまり命終るまで、修するということであります。しかもこの長時修は、第一の恭敬修、第二の無余修、第三の無間修のすべてにかかるものであります。

命終るまで一生涯にわたって、恭敬するのであり、

命終るまで、一生涯にわたって、他に心をよせずただ一筋に修するのであり、

命終るまで一生涯にわたって、途切れ怠ることなく修するのであります。

いやしくも、後生大事といわれる往生極楽を乞い願うものにとって、これだけの心構えはなければならないと思います。

生涯をかけて、いつでも、どこでも、何をしながらでも、一つの大きな目的に向って、その実現を願うことが、人間として生れたかぎり、ほんとうの生き方というべきでありましょう。

41　三心四修と申し候こと

三心ということも、四修ということも、概略説明してまいりましたので、おわかりいただいた

と思います。

要するに一つの目的を果すためには、精神が健康でなければなりません、のみならずそのための実践活動が必要であります。

このことを仏教では、心行具足《しんぎようぐそく》といいます。心と行が相応して、一体の状態が最も望ましい生き方であります。

心でばかり考えてみましても、そのための実践活動がなければすすみません。また反対にいかに実践が進んでも、それを充分考えてゆく心の決意が伴わねばなりません。

この両面が具足してこそ、理想が実現するでありましょう。仏教ではこのことを心行一如《しんぎよういちによ》（一つになる）または一体とも、相応ともいって欠かせない間柄を重視するのであります。

法然上人はこの関係を、三心と四修とにわけて注意を喚起せられたのであります。

ただし三心四修と申すことの候は　皆決定して
南無阿弥陀仏にて往生するぞと　おもううちにこもり候なり

一応三心と四修とによって、その心と行とを区別してその心として大切なものを三、それと同様に、その心に相応して実践せねばならない、四修の要項を示されたのであります。

一にはまことごころ（至誠心）

二には深い信心（深心）

三にはそれらをこめてねがい求める心（回向発願心）

この三心即一の願心をこめて、

一には敬い（恭敬修）ながら

二にはただ一筋に（無余修）

三には怠らず（無間修）

四には命終るまで（長時修）

心の据えどころとして、一大決心してしまうところのものは、他に何がありましょう。

ただ南無阿弥陀仏と申して、往生ができますぞと、思うその中に、一応は別に説いた三心と四修とではありますが、悉くそこにこもってしまうのであります。

このことを別のことばでは、自然具足《じねんぐそく》といっています。

南無阿弥陀仏とさえ申していたら、自然に具足してしまうことであります。籠るから自然にそなわり、自然に具足するから、籠り候なりということになるのであります。

42　本願にもれ候うべし

信の極致といいますか、絶対の境とでもいいますか、そうしたつきつめてしまった境界というものは、私は言葉や筆で、いいつくせないものだと思います。

一応は順序をたてての説明はあるかもしれませんが、それは決してそのすべてではありません。

このほかに奥ふかきことを存ぜば
二尊（阿弥陀仏・釈迦仏）のあわれみにはずれ
本願にもれ候うべし。

法然上人はさきに「……他には別の仔細候わず」と、確信をもって書かれたのであります。この所信については、何らの誤りもなく、絶対にまちがいはないとの証しをたてられますために、「起請文《きしようもん》」の形態をとられているのが、この一文からであります。

起請とは、武家時代主従の間でよくとりかわされた一つの慣習であり、法然上人もその慣例にならわれたのでありましょう。神仏を起用して、その絶対に間違いないという証明を請い、その誓いをたてることであります。したがって法然上人のこの起請は、

ただ　往生極楽のためには　南無阿弥陀仏と申して疑いなく
往生するぞと　思いとりて　申す他には　別の些細候わず

ということでありまして、その厳とした所信をご自身で誓われたのであります。

だからこれ以外のことや、またそれ以上に奥深い意味などあるはずはなく、もしもあるというような、いい加減なわが信仰であるならば、阿弥陀仏の本願や、釈尊の教義による、大慈悲のみこころにそむき、かつまた本願の救いからもれることになるべし、と所信のほどを明言してお誓いになられたのであります。

43　ただ一向に念仏すべし

人にはいろいろの教えにより、さまざまな生き方があるでありましょう。

しかしその中から、法然上人はただひたすらに、念仏申すことのために、愚鈍に還られたのであります。愚鈍に還られたことは、人間それ自身と、心の実態を真剣に、そして厳しく見究められたからであります。

いわば人間洞察の結果であり、人間探究の極限であったといえましょう。

念仏を信ぜん人は
たとい一代の法を　よくよく学すとも
一文不知の　愚鈍の身になして

いやしくも大いなる弥陀の本願にいだかれて、念仏を信じて生きようとするならば、たとい一代の法を、どれほどよく学んでいるとしても、それは阿弥陀仏の絶対の悲智の前には、どうして及ぶことができるでありましょう。

ただ、ひたすらに、おすがり申すことの謙譲の心で、ひれ伏す以外に何ができるでありましょうか。まさに一文も知らぬ、しかもどうにもならないわが愚鈍性にめざめて、その愚鈍である身を省みることであります。

尼入道の無智のともがらに同じうして　智者のふるまいをせずして

いたずらに背伸びばかりをしている現代にあって、この法然上人のご法説をいかに玩味すべきでありましょうか。

万人が万人とも「智者のふるまい」を競い合ってきたのが今の社会ではありますまいか。地獄の相はみられても、どこに極楽の土はありましょうか。

天狗の鼻ばかりが高くなって、鼻をつきあわせ、鬼の角ばかりがのびて、角でつきあっているような世の中の現状を、冷静に見てみなければならなくなったと思うのであります。

交通の惨禍という一点について考えてみましても、片時も心の休まるところはありません。

ただ一向に念仏すべし

大きな慈悲のこもった、まことにきびしいおことばであります。

何をぐずぐずしているのか、どこに安らぎを求めて生きてゆく道があるというのか、しかも困難な道を歩めよというのではない、遠い道を、重いリュックサックを背負って登ってゆけというのではない。あれや、これやと迷うことも、判断することも、身支度を整え、心の整理をして出かけて来いというのでもない。

ただ心を空しくして、その身、そのままでくれればよい。凡愚は凡愚のままに、走れるものも、歩けないものも、その身そのままで、ただ一向に念仏申す道だけが開かれているのであります。

ただ一向に、念仏申して生きてゆくことのできる道であります。

44　この一紙に至極せり

法然上人はこのように、『一枚起請文』をお書きとどめになられたお気持ちは、浄土宗の教えによって「心の据えどころを定め、そのための生き方を」お示しになられたのであります。

そして上人の滅後になり、さまざまな教えや、また法然上人の教えが、曲解されたり、勝手な意義づけに迷うことのないために、齢八十才の御臨終の二日前に、書き残されたのであります。

為レ証以二両手印一（しょうのために両手印をもってす）

浄土宗の安心起行この一紙に至極せり

この一紙にすべてを書きつくされたのであり、他に何らの意義のないことの証明のために、御病床で冷たい印肉に両手を染められて、押されたのであります。

源空が所存　この他に全く別義を存ぜず
滅後の邪義を防がんがために　所存をしるしおわんぬ
建暦二年正月二十三日

文字通りこの一紙に至極せられたこの『一枚起請文』こそ、浄土宗の要義であり、法然上人御自らの安心であり起行であり、御所存のすべてでありました。

拝読の度を重ねるにしたがって、一行一行に、さらには一文字、一文字にこめ給うた法然上人の深心が、開宗八百余年前のものではなく、現代ただいまの時代と、われわれのために大きなお慈悲として、拝誦できます悦びを感じるではありませんか。

現代が救われ、そしてそこに生きているわれわれ大衆に、ほんとうの生き方をお指図いただけるばかりでなく、この一紙の御精神はさらに八百年後の永劫にわたって生きつづけますことを、信じるものであります。

法然上人御生誕八百五十年の慶讃の年に当り、いま御法語を通じて、この稿を書きつづっている悦びを、感謝しているものであります。

45　滅後の邪義を防がんがため

おって、滅後の邪義をふせがんがための好資料として、故林隆碩勧学著「元祖大師御法語講話」より、左記の実例引用させていただき、ますますその理を解せられたいと思います。

その滅後の邪義とは、要を撮っていえば安心の邪義と、起行の邪義であります。このご遺誓をよくよく読みさえすれば、あらゆる邪義は防げるのである。

① もし人ありて称名を行ずとも、おりおりは観念をもするがよいと云う時は、観念の念にもあらずでふせぎ、

② もし人ありて本願の由来、六字の具徳を知らねばという時は、念の心をさとりて申す念仏にもあらずでふせぎ、

③ もし人ありて現当両益、二世安楽、祈念祈禱をもせよという時、ただ往生極楽のためには

とあるのにてふせぎ、

④　もし人ありて念仏するにも威儀はどうしたものか、心の用いようはなどと、むづかしきことをいわば、申す他には別の些細候わずでふせぎ、

⑤　もし人ありて余のことはともあれかくもあれ、三心、四修は是非に知らねばならぬといわば、但し三心、四修と申すことの候はみな決定して南無阿弥陀仏と申す内に篭り候也にてふせぎ、

⑥　もし人ありて、それは祖師の真実の思召しにあらず、劣機を誘引する方便なりと云わば、このほかに奥深きことを存ぜば、二尊のあわれみにはづれを誓い給えるにてふせぎ、

⑦　もし人ありて、もともと愚鈍無知のものはそれでよいが、学者は他に心得ありなど云わば、たとい一代の法をよくよく学すとも、一文不知の身になして愚痴に還って念仏すべしにてふせぎ、

かくのごとき諸種の邪義、邪勧を払うこと縦横自在なるが故に、滅後の邪義を防がんがために所存を記し畢ぬと仰せられた所以であります。

第四篇　一紙小消息に学ぶ

「一紙小消息」とは、法然房源空述。法然上人が黒田の聖人へ送った仮名書きの書簡で、念仏の教えの要旨を簡明に述べたものである。

浄土宗の信徒が「一枚起請文」とともに、念仏の規範を示したものとして、朝夕に拝読する法語として親しまれている。

—浄土宗大辞典—

46 末代の衆生《しゅじょう》

法然上人の「一紙小消息《いっしこしょうそく》」は、先の「一枚起請文《いちまいきしょうもん》」とともに、浄土宗の念仏信仰の概要を述べられたものでありまして、拝読する御法語として一般に親しまれ、かつまた重要視されているものであります。

この小消息は、法然上人が黒田の上人に使わされた御文ということであります。

黒田の上人とは、大仏の再建立で功を積まれた、俊乗房重源《しゅんじょうぼうちょうげん》ということであります。

末代の衆生を　往生極楽の機に　あててみるに

この劈頭《へきとう》のおことばは、この全文に関するものとして拝読し、その意義を味わうべきものと考えられてきたものであります。

この全文は、三心《さんじん》の中の「深心《じんしん》」についての詳論と申すべきものであります。

行すくなしとても　疑うべからず　一念十念に足りぬべし

凡愚の機である者にとって、仏道修行はもとより、念仏行が足りないことを、憂い、果してこんな自分でも往生がかなうのであろうか、との疑いがでるのは当然でありましょう。しかし、一念十念でも充分なのだから、とのお答えとしてうけとるべきであります。

罪人なりとても　疑うべからず　罪根深きをも　きらわじと宣えり

省みれば省みるほど、罪多き自分であることに気づくでありましょう。しかしそんなことを気にする必要はない、罪根の深いものでも排せられることはないと、教えられているのであります。

時　くだれりとても　疑うべからず　法滅以後の衆生　なおもて往生すべし
況んや　近来をや

時代に関係はない、法滅以後の者でも救われるのであるから、まして当今の者はなおさら救われるのであります。

わが身わろしとても　疑うべからず
自身はこれ　煩悩具足せる凡夫なりと宣えり

煩悩具足の凡夫が救われ、往生できるのであるから、その煩悩から起こる悪も許されて、往生がかなうのであります。法然上人が慈悲の宗教として、念仏門を開かれた根本の理念が、このことによっても明白であります。

47　彼の仏の本願なり

行少く、たとい罪人であり罪根深いものでも、時代の経過に問題なく、わが身悪人である、そうした煩悩具足の凡夫でも、心にかかることなく、救われて往生できるのであります。

だからこそ信心をより深めねば、ならないのであります。

十方《じっぽう》に浄土おおけれど　西方《さいほう》を願うは　十悪五逆の衆生の　生るゝ故なり

数ある十方の浄土の中で、十悪五逆という悪人の生れる処は、ただ西方浄土だけであるから、その西方浄土を願うのであります。このことを所求《しょぐ》（願い求める所）と申します。

諸仏の中に　弥陀に帰したてまつるは　三念五念にいたるまで
みずから　来迎し給うゆえなり

数多い諸仏の中で、どうして阿弥陀仏に帰依《きえ》するのでありましょうか。それは「一念十念に足りぬべし」と仰せられ、自ら来迎してくだされるからであります。
このことを、所帰《しょき》（帰し奉る所）と申すのであります。

諸行の中に　念仏を用うるは　彼の仏の本願なる故なり

さまざまな修行の法がある中で、どうして念仏行を用うるのかということは、阿弥陀仏の本願であるからなのであります。このことを去行《こぎょう》（此土を去って浄土に行く）と申すのであります。

さきに「安心決定《あんじんけつじょう》」のことに少しふれておきましたように、法然上人の「安心決定」と申された内容は、いまのべておられますように、「所求」＝求め願うところは、極楽の世界であり、「所帰」＝帰依し奉る所のものは、阿弥陀如来であり、「去行」＝浄土への行はただ念仏の一行であります。

この三機が一つに決定されますことが、念仏による安心決定の実質であります。

48　信心の深きによるべし

念仏申して往生することを、往々にして、自分が念仏申した力によって往生するとうけとるようでありますが、それは思いあがった考え方でありまして、深心を主軸とする法然上人の御意図ではありません。

いま　弥陀の本願に乗じて　往生しなんに　願として乗ぜずという事あるべからず
本願に乗ずることは　信心の深きによるべし

このように、往生は決して自分の力ではなく、本願のお力であります。あくまでも「本願に乗じて」往生させてもらうのであります。このことを「乗願往生」として考えねばなりません。されば「本願に乗ずる」ためには、信心を深くしなければなりません。

この信心の深いということは、先の、極楽の世界を求める＝所求であり、阿弥陀仏に帰依し奉るもの＝所帰であり、念仏一行による＝去行であります。

かくして往生すれば、「願として成ぜずということあるべからず」で、何ごとも達成できるのであります。

うけがたき　人身《にんしん》をうけて
あいがたき　本願にあいて
おこしがたき　道心《どうしん》をおこして
はなれがたき　輪廻《りんね》の里をはなれて
生れがたき　浄土に往生せんこと
悦びの中の悦びなり

郵便はがき

料金受取人払郵便

天王寺局
承　認
466

差出有効期間
2019年10月1日まで

（有効期間中
切手不要）

5438790

（受取人）

大阪市天王寺区逢阪二の三の二

東方出版 愛読者係 行

〒

●ご住所

ふりがな

●ご氏名

TEL

FAX

●**購入申込書**（小社へ直接ご注文の場合は送料が必要です）

書名	本体価格	部数
書名	本体価格	部数

ご指定書店名	取次
住所	

愛読者カード

●ご購読ありがとうございます。このハガキにご記入いただきました個人情報は、ご愛読者名簿として長く保存し、またご注文品の配送、確認のための連絡、小社の出版案内のために使用し、他の目的のための利用はいたしません。

●お買上いただいた書籍名

●お買上書店名

県　郡／市　書店

●お買い求めの動機（○をおつけください）

1. 新聞・雑誌広告（　　　）
2. 新聞・雑誌記事（　　　）
3. 内容見本を見て
4. 書店で見て
5. ネットで見て（　　　）
6. 人にすすめられて
7. 執筆者に関心があるから
8. タイトルに関心があるから
9. その他（　　　）

●ご自身のことを少し教えてください

◉ご職業　年齢　歳　男・女

◉ご購読の新聞・雑誌名

◉メールアドレス（Eメールによる新刊案内をご希望の方はご記入ください）

通信欄（本書に関するご意見、ご感想、今後出版してほしいテーマ、著者名など）

1　うけがたき
2　あいがたき
3　おこしがたき
4　はなれがたき
5　生れがたき

これらの五難を乗りきった身となることは、これほど多くの勝縁にめぐまれたことの悦びなのであります。これこそ衆縁具足の身であって、これにまさる悦びはないと、お説きになられているのであります。

仏法は縁ということを、非常に大切に説くのでありまして、一つの縁に結ばれることは決して単なる偶然とは考えません。

世間では、合縁（よく和しあえる縁）、奇縁（不思議な縁）とか、良縁とか、これに反して絶縁、離縁などの悪縁とか申していますが、仏教では法縁（仏法による縁）、多生《たしょう》縁（生れかわり）、宿縁（過去よりつみ重ねてきた縁）とか申します。

中でも仏縁の最も勝れた縁を、勝縁と云っているのであります。

五難といわれる中でも、その一難を乗りきることの縁でも容易ではありませんのに、五縁が具足できることのこの上もなき悦びであることを感じることが、深心からくる法悦というものであります。

たちきることのできない、煩悩にまつわって、真実の人生を歩むことのできない凡愚なものによって、これほど素晴らしい救いの道を求められた法然上人は、決してご自身の悦びではなく、万人のための大きな悦びとせられたのであります。

念仏の生活によって、得られるこの悦びが、いわば法然上人のみ教えの本旨であることを、肝に銘じてもらいたいのであります。

49　少罪をも犯さじ

人は人たる道を歩むことが、道徳の軌範でありましょう。

したがって、この軌範をふみはずしたら、悪人呼ばわりをされることになります。

道徳は宗教に根ざさなければ、浮き草のようなものであるといった学者があります。それはそれとして、私は宗教というものは、少くとも道徳を包摂するものであると考えます。したがって宗教による信仰心からは、自ら道徳を助長すると思っています。

このような意味で、私は次の法然上人のおことばを、非常にありがたく考えさせていただけるのであります。

罪は十悪五逆の者も生ると信じて　少罪をも犯さじと思うべし

十悪五逆とは、仏教で説く煩悩具足の人間だから犯す罪や、反逆のことでありまして、人間が身によって犯す①殺生《せっしょう》、②偸盗《ちゅうとう》（盗み）、③邪婬《じゃいん》（よこしまな、みだらな男女交遊）と、口によって犯す、④妄語《もうご》（みだらなことば）、⑤両舌《りょうぜつ》（二枚舌）、⑥悪口《あっこう》（わるぐちをいう）、⑦綺語《きご》（誠意のないきらびやかなことば）、愚（精神的）によって犯す、⑧貪欲《どんよく》（むさぼる）、⑨瞋恚《しんに》（怒り腹立ち）、⑩邪見《じゃけん》（よこしまな見解）を十悪といいます。

五逆とは、①父を殺す（殺父）、②母を殺す（殺母）、③阿羅漢《あらかん》を殺す（殺阿羅漢）、④仏の身を損害し出血させる（出仏身血）、⑤教団の和合を破壊させる（破和合僧）の五種をいいます。

このような十悪や五逆の罪を犯す可能性を、人間は充分持っている。宗教的見地からすればその意識はますます高いでありましょう。

法然上人は、「十悪五逆の法然房」とご自身を慚愧しておられるのであります。

このような人間であっても、往生はできるのであるから、そう信じ、そのことを思えば思うほど、そのありがたさを心にもって、少罪でも犯さないようにすべきであります。

念仏申すことによって往生させてもらえるという、深心からにじみでる少罪への自覚であると思うのであります。また深心があればこそ、法然上人のようにご立派なお方でありながら、わが身は十悪五逆の人間であるという、厳しい内省の懺悔ができるのではないでしょうか。

悪を重ねながら、悪を意識することのできないわれわれ人間でありながら、善を重ねながらなおかつ悪を意識できる心境が、深心による清澄な境地ではないかと考えさせられるのであります。十悪五逆と意識せられた法然上人の崇高な御心境に、学ぶべき多くのものを考えさせられるのであります。

50 悪人なお生る

仏を信じ、仏を拝むという、恭敬の精神は、権利の主張や、世間の理智を超えた、崇高なものであります。あるいは、理屈では通らないものなのかもしれません。一般の心情をのり越えたものが考えられるのであります。

罪人なお生る　況んや善人をや

罪人さえ生れてゆけるのであるから、善人が生れてゆけるのは当然でありましょう。悪人がその悪から救われて、往生できるのであれば、まして善人は往生できるというのが常識であり、信仰上の正道にちがいありません。

悪人は悪人のままに、永劫に救われる道がないという冷酷な教えではありません。そんな悪を犯さねばならないのが、人間の宿業というものであるとするならば、そのような人間の悪だからこそ、救われる道がなければなりません。

人間というものへの実態を、きわめて厳しく見究められた法然上人でありますから、それだけにより暖かいおもいやりがあられたのであります。

行は一念十念　なおむなしからずと信じて　無間に修すべし

一念なお生る　況んや多念をや

一声、二声の念仏ぐらいでどうなるものではない、という考えは普通一般の道理というものでありましょう。一念でも称えさせてもらえることの、悦びを感じることによって、より多く、できれば間断なく永久に称えてまいりたいものであります。

一念を空しく、無駄に、不用意に申すのではなく、多念をかさねるところに、仏教としての生き方があるのであります。僅か、一念や十念で往生できるのであれば、多念は無用で、いらぬ無駄ごとであるという考えは、功利的な打算的な一般の通念であります。

精進これ仏教なり、といわれる仏教的な考え方からいっても、なおさら弥陀信仰を基盤とせられた法然上人からすれば、六万辺の念仏を日課とせられなければ、お気がすまなかったにちがいありません。

いいかえれば、「一念十念に足りぬべし」とのお慈悲こそが、おかげを蒙ることであります。このおかげの御利益が、他力念仏門の特権でなければなりません。

このおかげを悦ぶことが、多念の生活であり、無間に修する心でありましょう。

51　悦び給うらん

四十八願という誓願を成就せられたのが、阿弥陀仏であります。

その阿弥陀仏は、無量寿、無量光であり、時間、空間にわたって無量の活力を持続しておられるわけであります。

阿弥陀経には「これより西方十万億の仏土を過ぎて世界あり。名づけて極楽という。その土に仏《ほとけ》まします。阿弥陀と号したてまつる。今現にましまして説法したもう」とあります。

阿弥陀仏は不取正覚《ふしゅしょうがく》の言《ことば》を　成就して　現に彼の国に
ましませば　定めて命終《みょうじゅう》の時は　来迎《らいごう》し給わん

極楽浄土、阿弥陀仏国にまします、浄土教の本尊仏である阿弥陀仏への、信の結実としての「安心決定」によって、念仏の一行を歩むのが、われわれ念仏者の真実の生き方であります。だからこそ、一念十念、多念の念仏生活が可能になるのであります。この念仏の声にしたがって現われ給うのが阿弥陀仏のお慈悲であり、本願なのであります。このことを「応声即現《おうしょうそくげん》」と説いておられます。

「釈尊は善い哉、わが教えに随いて、生死を離ると知見し給い」、釈尊はありがたいことに、自ら道を開き、生死を離れることを知見し給うたのであります。人間生涯を通じて、苦悩の人生を解決し、迷いを転じて開悟し、苦しみを離れて得楽をせられ、生を超えて浄土に生れることを、知見せられたのであります。その道が仏教であり、そこに到達する歩みが念仏であります。

六方の諸仏は　悦ばしきかな
わが証誠《しょうじょう》を信じて
不退の浄土に生ると　悦び給うらんと

東、西、南、北、上方、下方の六方におよぶ諸仏は、念仏申して往生することの、実相を証明せられていることを信じて、二度とふたたび、生死の苦海に退転することのない浄土に生れることの、無限の悦びにたえられないのであります。

根絶することのできない、四苦八苦の人生であり、その苦悩からぬけきれない身でありながら、しかもそれを痛感し自覚すればするほど、その解決への求道心が、阿弥陀仏を信じ、その誓願の慈悲にいだかれて、念仏申すことによって、救われることが、無上の悦びではないでしょうか。

52　弥陀の本願にあうことを

念仏往生とは、三仏大悲のあらわれであるといわれます。

三仏とは阿弥陀仏と、釈尊と、諸仏とであります。だから前項にものべましたように、この三大悲の悦びは、とりも直さずわれわれ念仏者の悦びに他なりません。

天に仰ぎ　地に臥《ふ》して悦ぶべし　このたび弥陀の本願にあうことを

阿弥陀仏の本願があって、念仏申して往生できることの悦びであります。

阿弥陀仏の本願があったから、釈尊もこれを説かれたのであり、いわば釈尊出世の本懐というものであります。

三世諸仏もまた、それを証誠（あかし）されるために、他方世界に出現せられたのであります。したがって、念仏はただ念仏としてあるのではありません。これら法界《ほっかい》の悉くをあげての念仏であります。まさしく、天に仰ぎ、地に臥しての一大悦びに他なりません。こんな悦びがどこにありましょう。

一喜一憂とは、阿弥陀仏を知らず、念仏を申すことを知らないもののことばであります。一《ひと》たび喜びがあると思えば、すぐ一たび憂いに悲しまねばならないからであります。

天に仰ぎ、地に臥して悦ぶことは、そうした時々刻々の、瞬間瞬時の悦びではありません。

阿弥陀仏を信じ、念仏申して往生することの悦びは、不退の悦びであり、安心決定による無限の悦びでなければなりません。

この無限にして大いなる悦びを感じるのでありますから、

行住坐臥《ぎょうじゅうざが》にも　報ずべし　かの仏の恩徳を

悦びにみちた心からは、そのことへの感謝の念がわいてまいります。

このように悦ばせてもらえることの、おかげがありがたいのであります。だからそのおかげに対してむくいる心がわくのであります。おかげをもたらせてくださることの、力量とか働きというものへの感じ方が、恩徳というものであります。

如来大慈の恩徳は、骨を砕いても報ずべし、という有名なことばがあります。仏の慈悲を感ずることが、ほんとうの歓喜の境地でなければなりません。歓喜の悦びはじっとしてはおれなくなります、そのじっとしておれない心が動いて、報ずることになるべきでありましょう。

53　信じてもなお信ずべし

おかげさま、と生きることの悦びにあふれ、念仏申して生きることの仕合せを感謝し、阿弥陀仏の恩徳に報ずることの悦びに、心が踊躍してまいります。

信心の悦びと、いうものでありましょう。

ただ、ありがたさに涙こぼるる、という心境ではないでしょうか。

お粗末なわが身にかかわらず、たとい罪悪に打ちひしがれていましょうとも、救われる道を開いていただけるということが、まさしく暗夜に燈火を得た光明《こうみょう》の世界にちがいありません。

頼みても　頼むべきは　乃至　十念のことば

一念乃至十念にて、往生疑いなしとのおことばがあってくれればこそ、この十悪五逆といわれる凡愚のものが、救われてゆくことができるのであります。

頼んでも、頼んでも、これ以上に頼みつくせない、ただ頼む心のわきでるのも当然でありましょう。このおことばがなければ、暗黒の中に浮き沈みをしながら、ただ悶々の日を過さねばならないでありましょう。

一筋の藁にさえすがりたいような、つきつめた人間の罪悪感が、これほど大きな阿弥陀仏の本願の舟に救いあげられるのでありますから、これほど頼み甲斐のあるものがどこにありましょう。生涯背負いつづけねばならない重荷が、ただ一念十念によって、おろしとられるのでありますから、どうして「無間に修せずには」おれましょう。

誰一人をもおちこぼさず、悉くのものが救われるという、「必得往生《ひっとくおうじょう》」がこの一念乃至十念のおことばにこめる、全幅の頼みなのであります。

信じても　なお信ずべきは　必得往生の文《もん》なり

「願わくはもろもろの衆生とともに」一人をももらさず、悉くのものが往生させていただける大願の発得は、まさに「必得往生」の文にちがいありません。

頼みても頼むべき心の切実な願いは、まさしく「深い信心」の絶対境であります。

この信心が、さらに、頼みすがる仏への絶対の信頼につながるのであります。

この信と頼との絶対境こそ、所求するところは極楽世界であり、所帰するものは阿弥陀仏であり、去行のものは念仏一行であります。

54　もろもろの衆生とともに

「一紙小消息」を拝読してまいりまして、法然上人の大きなお慈悲が感じられたことと信じます。凡愚なものへの、限りなきあわれみのお心が、すべてにわたってにじみでていることに気づいていただきたいのであります。

しかも高嶺から、谷の下にうずもれているものに手をさしのべていられるのではありません。万人が称賛せられた智恵第一の法然でありながら、十悪五逆の法然として、谷底にあえぐ人間なるものの凡俗の中に、身を伍しての救済であります。

徹頭徹尾、「願わくはもろもろの衆生とともに」の誓願でありました。

しかもそれは法然上人のお力によるのではありません。極楽世界の阿弥陀仏を本尊として、その救済の本願に乗じて、念仏申すことの易行によって、救われようとのおさとしなのであります。

一には　天に仰ぎ地に臥して　悦ぶべし、であります。

二には　行住坐臥にも　報ずべし、であります。

三には　頼みても頼むべし、であります。

四には　信じても　猶信ずべし、であります。

これこそが、浄土宗の信の四本柱と申すべきであります。

ただ、ひたすらに、念仏一行を無余として、無間に、しかも長時にわたって修したてまつることが、浄土宗の起行であります。

この安心《あんじん》起行《きぎょう》によって、往生を願ってゆくのであります。

しかも浄土宗では、わが念仏を申して往生することの願いとともに、必ず「願わくはもろもろの衆生とともに」とお願い申しあげているのであります。

つまり「願共諸衆生《がんぐしょしゅじょう》、往生安楽国《おうじょうあんらくこく》」であります。一人も残さず万人が悉く救われようとする、大慈悲心の宗教の具現が、唐の善導大師をその信仰の師僧と仰ぎ、その源流をうけつがれて、大衆のために完成し、徹底せられたのが、法然上人がわが国において、念仏の元祖として開宗せられた、浄土宗として今日におよんでいるのであります。

第五篇　御法語に学ぶ

『勅修御伝』を主軸にして、関係書の中から広く用いられている法然上人のおことばで、とくに私の心に響いたものを、集録した。

「十二箇条問答」は『浄土宗略抄』とともに和語燈録（法然述、道光集）に集録され、念仏行者の心得ともいうべきものを十二箇条の問答に分けて説かれているものである。

―著　者―

55　時にしたがいてはかろうべし

―十二箇条問答―

「時機相応」ということばがあります。また「臨機応変」ということばもあります。似たように使われることばでありますが、いうまでもなく、その時機にふさわしく行うことに対して、その時機に臨んでみて、不意のできごとでも適当に処置できることであります。

実際その時機にふさわしく行うということは、心がけてはいてもなかなかむつかしいものであります。

まして臨機に処することは、予測ができませんから、ぶっつけ本番でやらなければなりません。

法然上人は、念仏申そうと心がけてはみても、悪縁が多くて、つい申さなくなるという弟子に対して、次のように教えられました。

そのよう　一つにあらず

あるいは人の苦にあうをみて　三途《さんず》の苦をおもいやれ

あるいは人の死ぬるをみて　無常のことわりをさとれ

あるいはつねに念仏して　その心をはげませ
あるいはつねによき友にあいて　心をはじしめられよ

「人の苦をみれば、三途の苦をおもいやり、人の死をみれば、無常の理をさとれ、常に念仏申して、心をはげませ、よき友にあっては、わが身の恥を知れ」と説きあかされたのであります。一様ではなく、その時折を判断して、そのことに体当りすべき態度を、率先して示されていると思うのであります。しかしその個々については、別々でありますから、

人の心は　おおく悪縁によりて　あしき心の起るなり
されば悪縁をばさり　善縁にちかづけといえり
これらの方法　ひとしならず
時にしたがいて　はかろうべし

悪縁を去ることに心がけ、善縁に近づくことを常に心しておれば、自ら善業をつむはずであります。朱に交れば赤くなる、と幼少から教えられたところに、一つの人倫の軌範があったように

思います。

しかしこれらの方法は、一律に定められることでもありません。

要は善を修し、念仏申すことの基本精神によって、取捨選択して進むべきでありましょう。

念仏についてのお答

ただ往生極楽のためには　南無阿弥陀仏と申して　疑いなく
往生するぞとおもいとりて　申すほかには　別の些細候わず

浄土宗の安心起行を、「この一紙に至極せり」と「一枚起請文」をお残しいただいたのではありますが、「燕雀《えんじゃく》（つばめや雀）いづくんぞ、鴻鵠《こうこく》（おおとりや白鳥）の志を知らんや」の譬えではありませんが、時にふれ、折にふれて、あれや、これやと、かずかずの意見や、勝手な異論がでたようであります。

したがって、どれがほんとうに法然上人の御見解なのかの、迷いがでてきたのであります。

それについてお教えいただいているものを、拾ってみましょう。

56　またく別の様なし（その1）

―勅修御伝第二十一―

まだ法然上人が御在世の時でありました。

修行者の一人が申しますには、仏の相好を常に心にかけて、多少数は少くとも念仏を申すことと、心は散乱しながら数多く念仏申すことと、いずれの方が勝れているのであろうか。

そこにい合わせた僧は、それは心に常に仏の相好を思って申すことの方が、勝れていますよと、申されました。

念仏申すには　またく別の様なし
ただ申せば　極楽へむまると知りて
心をいたして　申せば参るなり

この法然上人のおことばを、深く味わわせていただくべきでありましょう。

57　勝劣あるべからず（その2）

――念仏往生要義抄――

持戒の精神から考えてみると、女人に近づかず、また魚肉類を喰べないで、申す念仏こそ尊いのではないか。

朝夕女人に近づき、酒をのみ、くさいものを食べて申す念仏こそ、劣るものでありましょう。その功徳は、どうして等しいと申せましょう。

恐らく仏教通念からくる考え方でありまして、自力門の修業主義からの常識といってよいものでありましょう。

答えていわく
功徳ひとしくして　勝劣あるべからず
そのゆえは
阿弥陀仏の本願のゆえをしらざるものの
かかるおかしきうたがいをばするなり

本願の殊勝なること（その3）

―勅修御伝第十六（明遍僧都の事）―

心が清らかに澄んで、何のいまわしいことも思わずに、念仏申すときと、これに反してさまざまな、いまわしいことを思いながら、念仏を申すときと、その勝劣は当然、心清らかに念仏申すときの方が勝れているのでありましょう。

それに「その功徳ひとしくして、あえて差別なし」というのは、全く解しかねるのであります。心が清らかに澄むときは、他の一切の余念がなく、極楽世界のことだけを思い、弥陀の本願だけを考えているのであるから、何らの雑念もまじわらないので、これほど清浄の念仏がないはずであります。これに反して、心が散乱しているときは、身口意《しんくい》の三業《さんごう》も散乱して整わず、口には名号《みょうごう》を称え、手にはいくら珠数をつまぐっていても、それは形式だけであり、これこそが不浄の念仏と申すべきでありましょう。

どうして、差別なく、等しいということができましょうか。

答えていわく

この疑いをなすは　いまだ本願のゆえを知らざるなり
阿弥陀仏は　悪業《あくごう》の衆生を救わんがために
生死《しょうじ》の大海に　弘誓《ぐぜい》の舟をうかべ給えるなり
たとえばおもき石　かろきあさがらを　ひとつ舟にいれて
向いの岸にとつくがごとし
本願の殊勝なることは
いかなる衆生も　ただ名号を称えるほかは　別の事なきなり

58　あなことごとし（その4）

—勅修御伝第十六（第三章）—

四苦八苦のこの身が、離苦得楽の世界に入ることは容易な修行ではない。難行苦業の修善を重ねて、迷いを転じてきた、従来のいわゆる聖道門の修業僧の、法然上人の念仏の易行による浄土門に対する風当りは、ことごとにはげしかったのであります。当時叡山における、いわゆる一大宗教改革であったというべきでありましょう。
念仏への多くの疑問者に対しては、法然上人は常に

欲界の散地に生《しょう》をうくるもの　心あに散乱せざらんや
煩悩具足の凡夫　いかで妄念をとどむべき　その条は源空もちからおよび候わず
心はちりみだれ
妄念はきをいおこるといえども
口に名号をとなえば　弥陀の願力に乗じて決定往生すべし

と、お答えになっています。

これに対してもなお疑い、数多くの抗議もよせられたようであります。しかし法然上人は、このとき（高野山の明遍僧都との対談後のことでありますが、後に明遍僧都は上人を仰信し、その遺骨を首にかけ、六時念仏を持続せられました）居室に入られてのおことばがあります。煩悩具足の人間自体に即せられた、あくまで凡愚の身そのままで救われる宗教への、無限の慈しみを感じるお言葉であろうと思うのであります。

心をしずめ　妄念おこさずして　念仏せんとおもわんは
生まれつきの目鼻をとりはなちて　念仏せんとおもわんがごとし　あなことごとし

59　すこしの差別もなし（その5）

―念仏往生要義抄―

法然上人は、日に六万遍の念仏を申されている。にもかかわらず、ただ一念でも十念でも往生ができるという。智者が称える念仏も、愚者が称える念仏も同じように往生できるとは思えない。誰が考えても、智者は愚者より勝れているし、少い念仏より、多い念仏の方が利益が多いにちがいない。

このような疑問の起こるのは、まちがっているのでしょうか。またまちがっているとすればどういう理由によるのでありましょうか。

このような疑問の起こるのは、世間的なものの考え方であって、宗教の世界として考えることではない。ただ一念、十念ということは、死ぬるまぎわのことであって、その時一声《いっしょう》のものも十《じっ》声《しょう》のものも往生してゆけるのである。

死するとき一声申すものも往生す　十声申すものも往生す　という事なり
往生だにもひとしくば　功徳なんぞ劣ならん

法蔵比丘《びく》　われ仏になりたらん時　十方の衆生　極楽に生れんとおもいて
南無阿弥陀仏と　もしは十声　もしは一声申さん衆生を　むかえずば
仏にならじと誓い給う
かるがゆえに　数の多少を論ぜず　往生の得分はおなじきなり
本願の文　顕然《けんねん》なり　なんぞ疑わんや

智者の念仏と　愚者の念仏と　いずれも差別なしや
仏の本願にもとづかば　すこしの差別もなし
そのゆえは　阿弥陀仏ほとけになり給わざりし昔　十方の衆生わが名をとなえば
乃至十声までも迎えんと　誓をたて給いけるは
智者をえらび　愚者をすてんとにはあらず

このように本願の然らしむところでありますが、もともと仏の境涯はひろく、しかも仏のみ心は大きいのであります。

差別のあるのは、この世間のことで、仏の世界を説く仏教はすべて平等であります。

あれ、これと区別して考えるのは、人間世界のことであって、「仏の心とは大慈悲これなり」とあるように、すべてを同じく包み摂し給うものであります。

60　持戒もなく破戒もなし（その6）

―十二問答―

仏教では最初にもふれておきましたように、戒を重要なものとして取扱っています。したがって仏道修行のためには、戒を保つことを第一条件としています。仏戒を保って生活することが、仏教徒であるわけでもあります。

だから持戒に重きをおいていますために、念仏と戒とについても、さまざまな疑問が起こってくるわけでありますが、この念仏と戒との関係については、円頓戒《えんどんかい》といって、法然上人が伝承されたものを、現に浄土宗では伝承しています。在家のためにこれを授戒として、各お寺での行事としているのであります。

持戒という仏教生活の軌範となる大切な行為も、すべて念仏におさまることを授けるのが、浄土宗の円頓菩薩戒であります。このことが充分理解されていなかったために、持戒の行者の念仏と、破戒の行人の念仏との区別に対する質問や、疑問がでてきたのであります。

末法の中には持戒もなく　破戒もなし　ただ名号の比丘ばかりあり
なにと持戒破戒の沙汰をばすべきぞ　かかる平凡夫《ひらぼんぶ》のために起し給える本願なればとて
いそぎ〳〵名号を称すべし

これに関連して、魚食の者は往生するとか、しないとか論じ合った話をきかれた法然上人は、次のようにお諭しになっているのであります。
持戒、破戒の問題とともに、そのご本意がよくおわかりのことと思います。

魚食うもの往生をせんには　鵜ぞせんずる　魚食わぬものせんには猿ぞせんずる
食うにもよらず　食わぬにもよらず
ただ念仏申すもの往生はするとぞ　源空はしりたる

―勅修御伝第二十一(第二章三)―

61　はげむべき事なり（その7）

―十二問答―

念仏申すのに、ことさらに高声《こうしょう》にて誇らしげに、申す必要もありますまい。

心静かに念じながら、珠数をつまぐればよいではないかと申す人もあります。
また念仏は思いたったとき数辺の念仏でよいのではないか。また事をかまえて申す必要もありますまいという人もあります。

それは口にてとなうるも名号　心にて念ずるも名号なれば
いずれも往生の業とはなるべし
ただし　仏の本願は称名の願なるがゆえに　声をたてゝとなうべきなり

耳にきこゆる程は　高声念仏にとるなり
さればとて機嫌をしらず　高声なるべきにはあらず
地体は声に出さんとおもうべきなり

凡夫は縁にしたがいて退しやすきものなれば
いかにも〳〵はげむべき事なり
されば処々に　多く念々相続してわすれざれといえり

―十二箇条問答―

それぞれの思い、はからいはあるのがもっともなことではありますが、ここで信仰というものの本質について、明確にしておかねばなりません。

そのことの最も根本的なことは、わがはからいや、おもわくで、あれやこれやと考えることではなく、われわれの場合は、弥陀の本願に乗じることであり、法然上人の教えのままに信順することであります。

法然上人の信仰は、偏えに善導大師に依られたことは、先に述べてきたところであります。このみ心にあやかることが、われわれ念仏者が、念仏申すことに「いかにもはげむ」ことの真髄であります。

常にいかようにか思うべき

62　このよのいくほどなき事を知れ（その1）

—（十二箇条問答）—

十悪五逆の凡夫とさえいわれる人間が、ほんとうに生きてゆくために、そして仏の大きな慈悲によって救われるためにも、念仏申すことの大切さは、身にしみてわかったつもりであります。

さて念仏申すためには、常日頃どのように思っておればよいのであろうか、その心がけというのか、心構えというのか、心の持ち方についておたずねした弟子に対して、法然上人は懇切にお教えになられたのであります。

あるときには　世間の無常なる事をおもいて
このよのいくほどなき事を知れ

仏教の無常観は、先にもふれておきましたように、万物流転の中における自然の原則であり、しかもそれは万物に対して極めて平等なのであります。

しかしその原則はわかったつもりでも、栄えているときは衰えることに気づかず、元気なときには病むことを忘れているのは事実であります。

むしろ凡夫としての弱さであるかもしれません。

そこで法然上人は、世の中の、そして生なるものの無常であることを、常にとは仰せられていません。「あるときには」気づくようにと申されたのであります。

私はこの「あるときには」という御指図に非常に理解ある、また意義のあるおことばだと、身にしみるおもいがするのであります。

このよの　いくほどなき事を知れ

元気で、隆々と生きている間には、なかなかそうは思わず、むしろ無常の風が、いつどこで吹いているのかさえ忘れてしまっているのが、毎日の常であります。それはそれでよろしいから、「あるときには」世間の無常であることを思い起こしなさい、とのおすすめであります。

いつ、どこで、どうして、くるかもしれない無常という鉄則の中で生きていることを、いま盛んで、元気に生きているその中で、「あるときには」そのことに気づいてみることであります。

無常の風が頬をふき初めてからではおそいのであります、そんな気配のない旺盛で、常住の時に、思いだし、だからこそ念仏を忘れずに申すように、心がけるべきことを、教えられたのではないでしょうか。無常を知ってからの念仏ではおそいのであります。

常住の中に、無常を思いだしては念仏にはげむべきでありましょう。

63 かならず迎えたまえ（その2）
―十二箇条問答―

念仏のぬるま湯につかっていて、およそ忘れがちな弥陀の本願について、考えてみることが、念仏申すことのはげみとなることを教えられています。

ある時には　仏の本願をおもいて　かならず　迎えたまえと申せ

本願を思い起こし、その思召しの中でも、「必ず迎えたまえと申せ」とのおすすめであります。他の誰を迎えてくださいというのではない。念仏を申している自分自身だからこそ「必ず」と申すことができるのではありませんか。しかもそれは常々のことではありません。やはり「ある時には」であります。何をきいても忘れ、何をしていてもつい気のゆるんでゆくのが、凡夫の性根であることを、百も御承知の上でのおすすめであります。

凡夫のためのみ教えであり、念仏であります。たすけ給えの本願ではありますが、「必ず迎え給え」と、明確な目的をおしめしになっているのであります。

無常にして、一寸先が暗であるものにとって、正確なお迎えがあって導かれることが、どれほど心強いことでありましょう。

どうして念仏を忘れておられましょう。ある時には、道案内のためにお迎えをお願いせねば、まことに不安な世渡りではないでしょうか。

64　むなしくやまん事を（その3）

―十二箇条問答―

あれこれと欲をだし、ああしたい、こうしたいと願うことも、考えてみればこの世に生を得ているたまものであります。ましておかげを蒙って生きている者にとっては、この世に生れたことのよろこびは無限にちがいないのであります。

決して法然上人さまのおことばには、無理はありません、どこまでも凡愚のもののために、という最底線を基準とせられた教えだからであります。

ある時には　人身のうけがたきことわりをおもいて

このたび　むなしくやまん事をかなしめ

いわゆるわれわれの生れてきていることは、しかも人の身となってであります。世にいう伊達《だて》（威勢よく見栄をはる）や、酔狂《すいきょう》（ものずき）ではありません。だから無駄な人生であってはならないことを、よく考えてみなさいといわれているのであります。

六道をめぐるに　人身をうくる事は
梵天より糸をくだして
大海の底なる針のあなを　とおさんがごとしといえり

衆生がそれぞれの行いによって、生れてゆく六種の世界（地獄、餓鬼《がき》、畜生、阿修羅《あしゅら》、人間、天上を六道という）に、たまたま人間界に生れたことは、天上から糸をつりさげて、大海の底に沈んでいる針の穴に、その糸を通すほど、容易なことではないのであります。

この譬えから考えてみましても、人界に人間として生れることは、並大抵のことではなく、よほどの良縁によるおかげであります。生れてきたのが、あたりまえであると考えていることは、まことに勿体ないことにちがいありません。

自殺、他殺のはげしい今日、そこまではゆかなくとも、この人生をもてあましていることは、まことに許されないことにちがいありません。いかに尊生《そんせい》の精神の充溢した教えであるかを、充分考えてみなければならないと思うのであります。

このような人生であるものを、むなしく過すことは許されないでありましょう。

このありがたさを考えてこそ、無駄にすることのない人生として、よりよく生きぬくためにも、念仏を申すことにならねばならないのであります。

65 いつの日か信ずる事をえん（その4）

—十二箇条問答—

人類救済ということのために、宗教というものの本旨があります。

各種各様の数多い宗教部門の中で、何の縁があってか、仏教にあうことができたのであります。先祖代々から仏教であったからといってしまえばそれまでかもしれません。しかしそれにしても、その先祖代々が仏教であったその子孫として生れたことも、単なる偶然ではありますまい。仏教以外の他の宗教であっても、何の不思議もありません。しかし仏教の先祖であったことによって、仏教をうけつぐことができたわけであります。また先祖が仏教でありましたのが、いつ頃からか他宗教に変わっていたとすれば、その宗教をうけついでいたかもしれません。

ある時は　あいがたき仏教にあえり
このたび出離《しゅつり》の業を　うえずば
いつをか期すべきと　おもうべきなり

仏教にあうことができたからには、その仏教に能入して、人生の苦悩を解決すべきであります。ただ形式だけにとらわれ、仏教の真髄にふれようともしなければ、それは本当に仏教にあったことではありません。念仏の功徳はきいていても、念仏を申さなければ、それは念仏の信仰者ではないと同じであります。

このときをとらえて、念仏を申さねば、いつの日に、念仏者としての特権にあうことができるでありましょう。このことを、真剣に考えてかかりなさいということであります。

仏教にあいながら、それを信ずることもできず、誤って一度悪におちれば、もう永遠に仏のみ名をきくこともできないでありましょう。

機会を失するものは、何事によらずその事の大成は不可能でありますように、仏教を信じ、まして念仏申すことの機会を失えば、容易に次の機会は得られないのであります。

ひとたび悪道に堕しぬれば
阿僧祇劫《あそうぎこう》（数えきれないほど長い時間のこと）をふれども
三宝のみ名をきかず
いかにいわんや
ふかく信ずる事をえんや

当然深く信ずることなど、思いもよらないことになります。

仏縁を失ってしまったものは、ただ曠野にさまよう人生にすぎません。

ほんとうの人間の生き方も知らず、夢遊病者のように迷いの人生に終るのであります。仏の本願に乗じ、極楽に往生することを信じて生きることさえ、知らずに終るのであります。

66　宿善をよろこぶべし（その5）
—十二箇条問答—


きょうあることを、とくと考えてみたいものであります。

自分というものが、どうしてこの日この時、こうして働いているのでありましょう、と夜半の静けさの中で、考えてみることはないでしょうか。

両親から生れ、学校を卒業して、社会人となったとはいえ、どうしてこういう経路を辿ってきたかが不思議に思えないでしょうか。

考えてみれば、知能指数もさまざまであり、各種各様の職の中で、どうして現在自分がこの道で、こうして生きているのであろうか、という疑問がわくのではありませんか。

目に見えず、自らも意識しないながらも、長い日の間つみ重ねてきたものの結実が、今日ただいまの自分であると、考えてみたことはないでしょうか。

ある時には　わが身の宿善をよろこぶべし
かしこきも　いやしきも　人多しといえども
仏法を信じ　浄土をねがうものはまれなり

人界に生をうけることでさえ、容易ではない条件に恵まれて、この世にでていることは、前章の法然上人の御指教によって、改めて考えついていただけたことと思います。

父と母との単なる交合によって、ともかく生れでたという生理的な、いい加減な存在ではないことに、気づいていただけたと思うのであります。

何という、永い過去の、よいことのつみ重ねであったかに、感謝の念がわきでるではありませんか。この得がたく、そして尊い、悦びを、法然上人は、「宿善のしからしむるところ」とことごとにお悦びなされているのであります。

まして仏法を信じ、その中でも浄土を願うものは、容易なご縁のものの他にはないのであります。たしかに、稀ではないでしょうか。

信ずるまでこそ　かたからめ
そしりにくみて　悪道の因をのみつくる

ましてや、これを信じ、本願に乗じて、念仏申すことは、大変なことであります。それどころか、互にそしり、憎みあって、悪道におちてゆくのが関の山であります。

しかるにこれを信じ　これを貴《とうと》びて
仏をたのみ往生を志す　これひとえに宿善のしからしむるなり

この御法語を解してこそ、私は偉大なる念仏の祖法然上人の信仰の、御心境ではないだろうかと、拝察できるのであります。智恵第一の法然房から、十悪五逆の法然の愚鈍に還られた、信仰の浄化された崇高さの程に、ぬかずかずにはいられない思いであります。

ただ今生のはげみにあらず
往生すべき期《ご》のいたれるなりと　たのもしく　よろこぶべし
かようの事を　おりにしたがい　事によりておもうべきなり

念仏をはげむための唯一の方法として、以上五節にわけて、説明してまいりましたように、法然上人御自身の体験と、深い信心と、ゆたかな学識を一文不知の愚に還して、衷情を披瀝せられたのであります。

法然上人の、念仏申すことによる信の極致を凝結せられた御文として、返す返す拝読をしていただきたいものであります。

常に仰せられける御詞

67　得分にするなり（その1）

―勅修御伝第二十一（第一章）―

わが分をわきまえる、ということはことばや、口ではいえることでありますが、なかなか心でわかるものではありますまい。

他のものより、少しでもよく、できるだけ高望みをし、背伸びをして、わが分のよさを見ようとするものであります。どうしても、その心の底には、外聞を考え、わが見栄をよくしたいという下ごころがあるからではないでしょうか。

わが分を知る、という心は、いいかえれば仏教の「少欲知足」ということではないかと思うのであります。

欲に生れ、欲に死んでゆくものが人間でありましょう。その人間が欲を少くすることに生きようとするのであります。

　また、あくことを知らず、これもこれもと手に入れたいのが人間の心でありましょう。その心に、これで満足だという知足に生きようというのであります。

　普通では「少欲知足」の心になり、こんな生活はできないのが人間の本性だと思います。どうしてもそのためには、仏心というのか、仏への信仰という、いわば宗教心を起こさねばできない相談だと考えます。わが分に応じるためには、よほど謙虚に仏の前にぬかずく気持にならなければ、その分を見さだめることはできません。うぬぼれがあり、見栄があり、自分をかまえすぎる心があるかぎり、わが分を知り、分に安んずるというような心にはなれません。

　釈尊は弟子たちが、まちがったことをして、戒められるたびに、「少欲知足」なれということばをつけ加えられている点に、私は非常に考えさせられるのであります。

　ものが多いから足り、物が少いから足らないということだけではなく、足ることを知ることの心の状態が大切であり、その境地を私は、法然上人の往生観にうかがえると思うのであります。

　善人をすすめ給える所をば　善人の分《ぶ》と見
悪人を勧め給える所をば　わが分と見て　得分《とくぶん》にするなり

法然上人の宗教観は、人間の煩悩を基準として、ものを考えられた宗教観であります。したがっておよそ凡人としては、より上位のものであるから別に考えられたのであります。あくまでも愚鈍の濁悪人という立場から、ものをはかられたのであります。だからその立場から、わが分を考えられたのでありますから、いたずらな高望みはありません。悪人というわが分に照らしての得分でありますから、悪人は悪人のままに往生できるという確信に基づいて、すべてを判断せられたのであります。

かくの如くみさだめぬれば　決定往生の信心かたまりて
本願に乗じて　順次の往生をとぐるなり

微動もしない、安心決定はこのように、わが得分をわきまえられているものであります。往生心の出発点は、ここからでなければならないと思うのであります。

68　われをたすけ給え（その2）

—勅修御伝第二十一（第一章）—

仏教を知ることは、決して学問をすることではなく、あくまでも人間としての生き方を知ることであります。このことは前にもふれておいたと思いますが、仏教の教義にとらわれてゆかないように、心得てほしいのであります。

まして法然上人の、念仏信仰については、なおさら、すべてを空しくして、そのままうけとることが肝要であります。

念仏申すには　またく別の様なし
ただ申せば極楽へ生ると知りて　心をいたして申せばまいるなり

どうして、このように念仏申して、極楽へまいらねばならないのでありましょう。

法然上人は、どうしても念仏申して極楽へ往生せねば、居ても、起ってもおられなかったのであります。

それはこの世を逃れるためではありませんでした。生れがたき人界に生れた、尊い人生であったからであります。粗末にはできなかったからであります。しかもあいがたい仏教にあわれたから、念仏による弥陀の信仰生活を、つづけられたのであります。

南無阿弥陀仏というは　別したる事には思うべからず
阿弥陀ほとけ　われをたすけ給えと　いうことばと心得て
心には阿弥陀ほとけたすけ給えとおもいて　口には南無阿弥陀仏と唱うるを
三心具足《さんじんぐそく》の名号と申すなり

阿弥陀仏に帰依し、その本願を信じて、ただ、たすけ給えと願うことが、とりもなおさず、南無阿弥陀仏と申すことなのであります。

さきにも書いたように、念仏申す心としては、至誠心《しじょうしん》、深心《じんしん》、回向発願心《えこうはつがんしん》、の三心に区別し、分析して心のあり方を説明してはいますけれど、正直いって、その一心すらまともに全うすることができないのが、人間の心ではないでしょうか。だからこそ、南無阿弥陀仏とさえ申しておれば、この三心がおのずから具足してくれるのであります。

それは阿弥陀仏の本願に順ずることであり、その救いの慈悲にあずかるからであります。

阿弥陀仏のみ心の中に、いだかれてしまうからであります。

これがほんとうの深い信心、というものの実態であります。

69　念ごとの往生（その3）

―勅修御伝第二十一（第一章）―

阿弥陀さまの本願はありがたく、そのお慈悲が尊いものであるからといって、自らをはげむことなく、手をこまねいて、そのお力にまかせきって、怠け心をだしてよいはずはありません。ありがたいものであり、尊いものであればあるほど、心をよせ、行いを励んで、そのお徳にむくいるのが、正しい心の方向であります。

一念十念に　往生をすといえばとて
念仏を疎想《そそう》に申すは　信が行をさまたぐるなり

親の愛情をたっぷり身にうけて、あまえきりで、いつのまにか、そんな愛情をうけるのがあたりまえだと思いこんでしまうのが、凡夫のあさましさであります。

ひとたび仏を信じ、仏にすがって念仏申すかぎりは、そんなあたりまえの心ではすまされなくなるのが、信心というものの心の躍動というものであります。

じっと手をこまねいてはおれなくなるのが、信心の悦びというものであります。

念々《ねんねん》不捨者《ふしゃしゃ》といえばとて　一念を不定《ふじょう》におもうは

行が信をさまたぐるなり

信をば一念に生ると信じ　行をば一形《いちぎょう》にはげむべし

一念ごとに、仏は捨てたまわずにお救いくださるからこそ、その称える一念一念がありがたく、勿体ないのであります。

救われないような一念であれば、幾百万辺申しても、その功はありますまい。一念で救われてゆくことを信じるから、一生涯を通じて、念仏申さねばおれないのであります。

励む心のないものは、生きる証しではありません。今日よりも明日、明日よりも生涯を通じて励むことこそ、往いて生ることであります。

仏教とは精進であるといわれることも、この励みの姿だからであります。

一念を不定に思うは

念々の念仏ごとに不信の念仏になるなり
そのゆえは
阿弥陀仏は　一念に一度の往生をあておき給える願なれば
念ごとに往生の業となるなり

怠らず、励むことを、無間修《むけんじゅ》と説かれたことを思い起こしてほしいのであります。だから長時修《じょうじしゅ》として、生涯はげみ、怠らず念仏を申さねばなりません。

70　たとい余事をいとなむとも（その4）

—勅修御伝第二十一（第一章）—

生涯を通じて、尊い一念をつみ重ねて念仏申すのではあるが、さて長い日のことでありますだけに、煩悩がはげしく起こることもあり、浅くすむこともあるでありましょう。

これほどはげしく煩い悩みながらの、念仏でよろしいのであろうか、と我とわが心を疑いたくなるでありましょう。

煩悩のうすく　あつきをもかえりみず
罪障の軽き　重きをも沙汰せず
ただ口に　南無阿弥陀仏と唱えて
声につきて　決定往生のおもいをなすべし

こころにかかる暗い雲の、濃い、浅いだけではない。わが犯した罪障の重い、軽いでもない、そんなことをとやかく、詮ぎたてることではなく、それに心をくだく暇があれば、その心の悩みとともに、ただ口に、南無阿弥陀仏と唱えることであります。

その唱える声について、「必ず往生ができる」との決意を新たにしなさいと、法然上人は常に仰せられたのであります。

たとい余事を　いとなむとも
念仏を申し申し　これをするとおもいをなせ
余事をしし　念仏すとはおもうべからず

一念から、生涯を通じての念仏が、法然上人のおすすめになられた念仏の生活であります。

それだけに、日々を通じて、さまざまな仕事を手にしなければなりません。

念仏申すことと、その仕事とのかかわりについて、お訓しいただいたおことばであります。

当然毎日の営みはしなければなりません。しかしその営みは、何事によらず、念仏を申し申し、これを営むのであるという思いをもつのであります。

営みをしながら、念仏を申すと思ってはなりません。このことを「念仏為先《ねんぶついせん》」と申して念仏がまず先であるとの思いでなければなりません。

71　むせて死する事もあり（その5）

―勅修御伝第二十一（第一章）―


人生にとって、いつ、どこで、何かが起こる、というこの三大課題は、永遠の謎でありましょう。そして何かが起こったとき、謎であるだけに、それを災難といい、奇縁といい、因縁といい、業《ごう》といい、運命などといいます。

考えてみれば、人智でははかり知れないことへの、ていのよいあきらめであるかもしれません。

しかし、それは絶対にないとはいいきれないだけに、大きな不安であります。またそれだけに、

「何かが起こらない」ために、さまざまな祈りをするものであります。

終局は、目に見えないで、突然起こるのでありますから、目に見えないままに、その事を未然に防ぎたいからでありましょう。

このことも、突然の変移として、いわゆる無常なるものの一つであるかもしれません。

それに応えるだけの、心の準備を怠ってはならないことは確かであります。しかし往々にして裏切られてゆくのも、人生というものかもしれません。

人の命は　食事の時
むせて　死する事もあるなり

いのちを保ち、長らえるためにいただく三度の食事も、時にはこのように、むせて死ぬこともあります。法然上人のこのひとことが、いたずらにあかし暮しているものへの、大きくなりひびく警鐘ではありませんか。

生れがたき人界に生れたものの、限りない尊生への警打でもあります。まして、あいがたき仏教にあったものへの、むしろ厳しい激励として、響くものがあるではありませんか。

南無阿弥陀仏と　かみて
南無阿弥陀仏と　のみ入るべきなり

これほど、堅実な人生の生きてゆく心構えが、どこにあるでありましょう。阿弥陀仏の本願に乗じて、往生を願う念仏者であればこそ、これほどの周到な生き方を堅持してかからなければならないのであります。それは時々刻々を大切に生きているからであります。

阿弥陀仏と　十声《とこえ》となえてまどろまん
ながき眠りに　なりもこそすれ

―勅修御伝第二十一（第一章）―

おのずから念仏のわきでる、法然上人のお歌ではありませんか。

72　ほのおは空にのぼる（その6）

如実知見《にょじっちけん》という素晴らしいことばがあります。

ありのままを、そのままに、よく見究める、ということであります。なかなか、一つのものを、ありのままによく見究めるということはできません。そこには自己流の感情がはいるからであります。そのものの価値判断につながりますから、自己流の感情がはいると、ほんとうのありのままを見究めることにはなりません。

私情がはいると、白いものでも、黒だということになりかねません。所詮人間とは勝手な、都合のよいものなのかもしれません。

法爾《ほうに》の道理と云う事あり
ほのおは空にのぼり
水はくだりさまにながる

これは、どうすることもできない事実であり、そのままの姿であります。法然上人の、ものの見究め方であります。人間の煩悩のありのままを、どこまでも見究められたところから、法然上人の宗教が始まったといえましょう。

水は冷たく、火は熱いのがどうすることもできない、ありのままの事実であります。この水を

熱く考え、この火を冷たく考えようとするから、無理ができ、無茶が通ることになるのでありま
す。

菓子の中にすき物あり　あまき物あり
これみな　法爾の道理なり

酸いものも、甘いものも、それ自体が備え持っている味であります。
酸いものは酸いものとして味わい、甘いものは甘いものとして味わうことが、ありのままに味わって生きることであります。ありのままを、ほんとうに見究めることさえできれば、やがてあらねばならぬことへの道が開けるのであります。
最初から、色めがねをかけて見ようとするのが、人間のてらいや、おもわくや、小賢しい心のあらわれであります。そんなものをかなぐりすてて、水に手をつければ冷たく、火をつかめば熱いことを見とどけねばなりません。

阿弥陀仏の本願は

名号もて罪悪の衆生を　みちびかんとちかい給いたれば
ただ一向《ひたすら》に　念仏だにも申せば
仏の来迎は　法爾の道理にてうたがいなし

人間へのありのままの洞察が、法然上人の念仏生活となったのであります。

73　心には思わじ事のみ（その7）

―念仏往生要義抄―

法然上人は、ありのままを見究められることに、いかに忠実で、私心なく、見つめられたことであリましょう。

この姿勢が、人間としてのわが機を、根本的に洞察せられたのであります。

智慧第一の碩学と賞賛せられる身でありながら、その声に酔うことなく、どうしようもない我が煩悩のありのままの姿を、大事に見とどけられたのであります。

口には　経をよみ　身には　仏を礼拝すれども

心には　思わじ事のみおもわれて
一時も　とどまる事なし

学徳兼備の高僧、法然上人の内観であります。徳高ければ高いだけに、学深ければ深いだけに、わが心の底に徹する深い烱眼《けいがん》（鋭く見究める力）が、備わったというのでしょうか。ありのままの姿を、ありのままに見つめられ、ありのままに気づかれたからでありましょうか。口に経を読めば、殊勝に読んでいると思いこみ、身には仏を礼拝すれば、恭敬心と懺悔の礼拝をつづけているとばかり思いこんでいるのが、そもそも凡愚のあさましさというものであることを、厳しく反省させられるおことばであると拝するのであります。

どこに飾りがありましょう。何らのてらいも毛頭ありません。何の虚言もありません。

水は冷たく、火が熱いのであります。風が吹けばゆらぎ、静まればおさまる心の動静が、手にとるように見究められるからでありましょうか。

しかれば　我らが身をもて
いかでか　生死をはなるべき

このような乱想の凡夫でありますから、どうして苦界を出離することができるでありましょう。このことの自覚と反省が、厳しく求められているおことばと拝するのであります。

わが心への深い洞察がなくして、往生への道はひらけないことを知るべきであり、このことが念仏者としての、生きる基盤であると思うのであります。

これが法然上人のみ教えの原点である「知機」という、つまり人間の機根を、うそ、いつわりなく、ベールをはぎとって、ありのままに真実のわが実態を知る、ことなのであります。

74 かなしきかなや（その8）

—念仏往生要義抄—

たまたまの法縁により、念仏申す機会に恵まれ、日とともに信行の策励《さくれい》（むちうちはげますこと）をよろこべる身になりましても、はたして怠ることなく、悔ゆることなく、励みつづけることができているのでありましょうか。

三日坊主、といわれているように、初心を守りつづけることはなかなか容易ではありません。あきやすく、さめやすいことも、凡夫の弱さなのでありますまいか。

かなしきかなや
善心はとしどしに　したがいてうすくなり
悪心は日々に　したがいて
いよいよまさる

善はうすれ、悪がはびこる、というのが世俗の慣いなのでありましょうか。むしろ人間が持つ弱点ともいうのでありましょうか。年月とともに、善心はうすれ、年とともに悪心がつのってくるのであり、いつの日か植物人間になりかねないのであります。

慣れるということは、人間にとって極めて大切な、そして貴重な経験のたまものであります。しかしまた同時にそれに心をゆるし、いい加減さの加わってくるのも事実であります。

何を責めましょうか、これが人間の、ころころところがる、心というものの正体であることを、最もよくみきわめられたのが、わが法然上人であられたと思うのであります。

されば古人のいえる事あり
煩悩は身にそえる影

さらんとすれどもさらず
菩提は水にうかべる月
とらんとすれどもとられずと

身にそう影のようにつきまとう煩悩の身でありながら、その断尽を願いつづけて生きてゆく人間のかなしさが、身にしみるのであります。

水に浮かぶ月のように、とらえることのできない菩提を、追い求めようとしているのも、人間のかなしみであるのかもしれません。人間の能力の弱さに、屈してしまうのではなく、そのような実体を、正しく把握することによって、よりよく生きのびる道が、法然上人の念仏生活であることへの、悦びを肝に銘じなければなりません。

75　すけをささぬなり（その9）

―勅修御伝第二十一（第一章）―

まっとうに生ききれない弱さをもった人間が、それでもまっとうに生かせてもらえるのが、いわば法然上人の念仏生活であります。

しかしそのためには、本願に乗じて、ただ念仏を申すことの生き方をすることであります。小賢しい細工は、一切必要としないことを承知しなければなりません。

本願の念仏には　ひとりだちをせさせて
すけをささぬなり
すけというは
智恵をもすけにさし　持戒をもすけにさし
道心をもすけにさし　慈悲をもすけにさすなり

ひたすら本願に乗ずることの他に、何もたすけに助力はいらないのであります。智恵も、持戒も、道心も、慈悲も、それらの助力をかりて、念仏申そうなどの必要はありません。

善人は善人ながら念仏し　悪人は悪人ながら念仏して
ただ生まれつきのまゝにて　念仏する人を
念仏にすけさゝぬとは云うなり

善人は善人なるがままに念仏することは、ますます善人への道は開けるでありましょうが、われわれ悪を具した凡夫にとって、取り残されることが気がかりというものであります。それだからこそ、悪人は悪人のままに、ただ生れつきのままで念仏を申せばよろしいので、そうすることが念仏に助力を加えることの不用であることを、明かされているのであります。

あくまで煩悩具足の凡人のために、一人も残すことなく、悉くのものが一切救われるための念仏でありますことが、よく承知していただけると思うのであります。

特定の一部の人だけが、もたらされる幸福ではない、生れでた生あるものが悉く、もろともに得られる幸福でなければなりません。仏の慈悲にふれ、悪を改め善人となって念仏申す人は、それこそ仏の御心にかなう人でありましょう。

問題はそうなれないものが、あれこれと評議をばかり重ねて、悪人のままで申すという決定心を起こすことのできないものは、困ったものであります。

さりながら悪をあらため　善人となりて念仏せん人は　仏の御心に叶うべし
かなわぬものゆえに　とあらんかからんと思いて
決定心おこらぬ人は　往生不定の人なるべし

76　妄念おのずからやむ（その10）

―十六門記―

浄土の法門をきき、念仏申して往生することのありがたさに、願心を起こしましたが、妄念はおさえても起こってやまず、また散乱心はなかなか静まってはくれません。

このような状態では、はたしてどうなるでありましょうか、と尋ねられたお弟子（聖光房、浄土宗第二祖となられた）に対して法然上人は、次のようにお訓えになっているのであります。

妄念余念をも　かえりみず
散乱不浄をも　いわず
唯口に名号を　唱えよ

妄念、余念、散乱、不浄、雑念など気にすることなく、わいてくればわいてきたままで、ただ口で名号を唱えればよろしい、というのであります。雑念がおさまってから、念仏申せというのではありません。おさまるまでもなく雑念そのままで、口で念仏を唱えよというのであります。

もし能く称名すれば　仏名の徳として
妄念おのずから止み　散乱おのずから静まり
三業おのずから調《ととの》いて　願心おのずから発《おこ》るなり

妄念のままに念仏申し、散乱のままに念仏さえ申しておれば、仏名の功徳によって、その妄念が自然にやみ、散乱心も自然に静まるのであります。そして、身口意の三業が自然に調整されてきて、その落ちついた心から、往生への願心が自然にわいてくるのであります。

これが念仏の功徳であります。

われわれ凡愚の身にとって、これほどありがたい信仰の道がどこにありましょう。

いかに況んや
本願の元意は　乱心やみがたき者を化せんが為なり
忘れやみがたきに付ても　一向に本願を仰ぐべく
散乱静まり難きに付ても　一向に名号を唱うべきなり

――（決答授手印疑問鈔）――

それらはすべて阿弥陀仏の本願によるものであり、勝手な都合のよい解釈ではありません。本願のおかげにより、そして念仏を唱える徳によって、救われてゆくのであります。

77　生けらば念仏の功つもり（その11）

―勅修御伝第二十一（第一章）―

法然上人のみ教えによって、念仏申すことによって来迎をえて、往生しようとするものにとっては、一にも念仏、二にも念仏申すことの他には、何らの懸念のないのが本願であります。また他の諸仏や神々に気をくばる必要も、まったくないのであります。

念仏申すことの中に、すべてこもり給うのが、阿弥陀信仰の骨髄だからであります。

このような生活信条が、いわば念仏者の心構えであります。だから生きているあいだは、ただひたすらに念仏申すのであります。

念仏を申し申し余事をせよとの法然上人のお教えが、念仏生活者としての基調であります。

いけらば　念仏の功つもり
しなば　浄土へまいりなん

悔いない真実の、人生の生き方とは、所詮生きているかぎり、念仏申すことの功をつむことでありますか。しかも万徳円満といわれる念仏なのでありますから、何にまよい、何にこだわる必要があるでありましょう。

人間終局の目的とは、苦の世界を離れ、よりよい極楽浄土にまいることであります。

いのちが絶え、これでこの世を終るとすれば、誰一人として現世以上の苦の世界を求めるものがいるでしょうか。安楽の世界に生れてゆきたいのが、万人共通の唯一の願いであろうと信じるのであります。だからこそ、生きているかぎりは、念仏の功をつみたいのであります。

その日その日が、そのためによろこびを感じ、いさみ、はげんで日をおくりたいのであります。

このような生活は、財のためにのみ働き、名誉のためにあくせくするようなくらしではありません。手に得たものが、こわれたり、なくなってしまうようなものではなく、日々是好日《にちにちこれこうじつ》というように、その日その日が、悦びに感謝できて生きてゆけることでなければなりません。

とてもかくても　この身には
思いわずらう事ぞなきと　思いぬれば
死生ともに　わずらいなし

ともかく何といおうとも、思い煩う身ではありたくないのであります。

78　一丈五尺を越えんとはげむべし（その12）

―勅修御伝第二十一（第一章）―

仏道修行は、何としても努力精進ということであります。手をこまねいているようなことでは、何事によらず完成いたしません。とくに仏教では精進と申して、努め励むことが根幹であります。

法然上人は、易行《いぎょう》（難行に対して、た易い行）としての念仏申すことによって、苦行としての難行はとられなかったのであります。

阿弥陀仏の本願をたのみ、いわゆる他力の念仏ではありますが、だからといって怠けてよいはずはありません。これほどの煩悩づくめの人間であっても、本願によって救われる宗教でありますから、そのお慈悲がわかればわかるほど念仏に励むのが、精進ということであります。

一丈の堀を　越えんと思わん人は
一丈五尺を　越えんとはげむべし

法然上人が常に申されたおことばであります。一つの目標に向って、精進努力する心構えをしめされたおことばであることは、いまさら申すまでもありません。

濁悪の凡夫と見究められ、しかもそれがなかなか思いどおりには、やりきれない人間の煩悩性を、よくよく見とどけられたのが、いくたびもくり返してきた法然上人の根本理念であります。

だからこそ、一丈の堀を越えるためには、一丈を越える努力や精進では、とうてい越え切れないのであります。一丈五尺を越えようとする目標と、そのための励みが、どうしてもなければいけないことをお諭しになられているのであります。

この心構えで、励む精進の覚悟のほどが、人間がほんとうに生きてゆくためにはなくてはならないのであります。

往生を期《ご》せん人は
決定の信をとりて
あいはげむべきなり

まして往生しようとする、人間の一大事については、まさに一丈五尺を目標として相励むべきであります。

そのためには、安心決定することでなければ、できるものではありません。すべてに鈍く弱い人間だから、阿弥陀仏を信じ、その本願に乗じて往生させてもらうという、深い信心を決定せねばなりません。その深い信心によって、はじめて無能な人間が、一丈五尺を越えるための励みができるのであります。

79 人中《にんちゅう》の芬陀利華《ふんだりけ》

―選択本願念仏集第十一章―

念仏行者は五種の嘉誉《かよ》として、観音、勢至さまのお護りをうけるとされています。念仏申すものは人中の芬陀利華（白蓮華＝びゃくれんげ）と申してほめられているのであります。

1 人中の好人《こうにん》、2 人中の妙好人《みょうこうにん》、3 人中の上上人《じょうじょうにん》、4 人中の希有人《けうにん》、5 人中の最勝人《さいしょうにん》などとほめられ、これを五種の嘉誉として伝えられています。

そんな念仏申すことによって、仏名の功徳により身口意の三業が自ら調うと仰せられた、法然上人のおことばを、思い起こしていただきたいのであります。

そうして、極楽に往生できる身であることの、ほまれというべきでありましょう。

念仏の行者には　観音　勢至　かげと形とのごとく
しばらくも捨離し給わず
余行はしからず
又念仏する者は　命をすてて以後
決定して極楽世界に往生す
余行は不定なり

念仏の行者と、その他の行者との区別が述べられていますことは、これ阿弥陀仏の本願に乗ずる念仏だからであります。

およそ五種の嘉誉をつたえ　二尊の影護をこうむる
これはこれ現益なり

これほどの現世における御利益が、どこにあるでありましょう、心から感謝し、身を以て悦ぶべきであります。

影と形と、しかも「しばらくも捨離し給わぬ」御加護をえられることを、唱える念仏とともに体現させていただかねばなりません。

また浄土に往生して　乃至成仏す
これは是《こ》れ当益なり

念仏者だけが加護される現世の御利益に併せ、浄土に往生したからには、成仏をさせていただけるのであります。現世の利益に対して、これこそ来世の利益であることを、お諭しいただいているおことばであります。

現当二世にわたる御利益を、念仏申すものに約束いただいておりますことを、無駄にしてはなりません。

80　七箇条の制誡

―勅修御伝第三十一（第二章）―

法然上人の教化がゆきとどくにしたがって、門弟の中には、念仏に名をかり、弥陀の本願に事をよせて、いい放題、し放題をふるまうものがでてきたのであります。

そのために南都北嶺の僧たちが、この時とばかりに念仏を止めさせ、法然上人の化導を障害しようとたくらんだのであります。

これらの僧たちが、天台宗の座主大僧正真性にこのことを訴えでたのであります。

このことをきかれた法然上人は、そのための動揺を防ぎ、すすんで一部それらの弟子たちの僻《ひが》見《み》をいましめられるために、七箇条の理由をおまとめになり、八十余人の長老たちに連署をさせて大僧正に提願せられたのが、七箇条制誡のための起請文であります。

あまねく予《よ》が門人念仏の上人等につぐ

一、いまだ一句の文義《もんぎ》をうかがわずして、真言止観を破し余の仏菩薩を謗《ぼう》ずることを停止《ちょうじ》すべき事。

一、無智の身をもちて有智《うち》の人に対し、別解別行《べつげべつぎょう》の輩《ともがら》にあいて、このみて諍論《じょうろん》をいたす事を停止すべき事。

一、別解別行の人に対して、愚痴偏執の心をもて、本業《ほんごう》を棄置せよと称して、あながちにこれをきらいわろう事を停止すべき事。

一、念仏門においては戒行なしと号して、もはら婬酒食肉《いんしゅじきにく》をすすめ、たまたま律義《りちぎ》をまもるをば、雑行人《ぞうぎょうにん》となづけて、弥陀の本願をたのむ者は、造悪をおそるることなかれという事を停止すべき事。

一、いまだ是非をわきまえざる痴人、聖教をはなれ、師説をそむきて、ほしきままに私の義をのべ、みだりに諍論をくわだてて、智者にわらわれ、愚人を迷乱することを停止すべき事。

一、愚鈍の身をもちて、ことに唱導をこのみ、正法《しょうぼう》を知らず種々の邪法を説きて、無智の道俗を教化《きょうけ》する事を停止すべき事。

一、みずから仏教にあらざる邪法を説きて、いつわりて師範の説と号することを停止すべき事。

元久元年甲子　十一月七日沙門源空　在判

法然上人のご意志に叛き、自分のご都合本意な言動をする門人たちを、いましめられ、今後もこのような不心得なものたちのでないために、そしてまた念仏申すことの本来の主旨を証《あか》しとせられるために書きおくられたのであります。

81 無量の宝

―十二問答―

宝といえば、普通は宝物といわれるように、何らかの物体を想像するものであります。宝石だとか、美術工芸などの骨董品などが、すぐ思い浮びます。ひろい意味でいえば、その人にとって最も大切なものが、その人の宝であるかもしれません。

しかしそうした形ある物は、紛失したり、損じたりしてしまいます、永久に保存できるものとは限っていません。いつどうしてなくなるかもわかりません。

念仏にものうき人は　無量の宝を失うべき人なり

法然上人のこのお言葉は、いうまでもなく念仏申して得られる宝であります。そして形のある物ではないだけに、永遠であり、無量であります。

したがってこの宝は、目で見てその光や輝きにあきれたり、またその形や質を鑑賞することはできないでありましょう。

宝蔵の中に安置したり、金庫の中に収納して楽しむこともできません。しかし手にとり、目に見るものは、ただそれだけであります。握ってしまい、見てしまえば終りであります。念仏申して得られる「無量の宝」は、見えないし、握れないから、無量なのであります。終りであり、限りがあるわけでもなく、失ったり、なくなったりなどいたしません。申す念仏とともに、いつでも、どこでも、何をしながらでも、心に抱いていられます。

念仏にいさみある人は
無辺のさとりを　ひらくべき人なり

念仏にものうきために、このような無量の宝を失うべき人に対して、その反対にいさみある人は、無辺のさとりを得る人であるとのおことばであります。それは、がめつく、あせったり、無理をして手にいれる無量の宝ではありません。ただ口に名号を称えることだけで得られるものであります。このことをそのままにつづけてゆくことが、「いさみある人」であります。

よろこび　いさんで　ものうからず

この心境にならせていただくことが、事にふれ、折によって、心を乱し、思いを悩ますことのない、しかも限りない無辺のさとりを得られるのであります。

ただ本願に乗じて、念仏申す人だけが得られる無量の宝であり、無辺のさとりであります。

82 浄摩尼《じょうまに》の珠《たま》

—十二箇条問答—


法然上人の念仏信仰へのめざめは、一にも二にも人間共有の煩悩への、見究めとその自覚であると申せましょう。

人間に巣喰っている煩悩という心の煩いは、三毒といわれる貪瞋痴《とんじんち》が、その根源でありました。

ある時は絹をまとい、ある時にはベールで包みかくし、口では立派なていさいのよいことをならべたてても、この三毒の前には、どうにもならないのが現実の実態であります。

やめやめんとしてやまず、はらえどもはらえども、どうにもならない三毒の動きを、どうして静めるかが、根本の課題でありましょう。

浄摩尼珠《じょうまにじゅ》という珠《たま》を　にごれる水に投げれば

珠の用力《ゆうりき》（はたらく力）にて　その水きよくなるがごとし

衆生の心はつねに名利にそみて
にごれる事　かの水のごとくなれども
念仏の摩尼珠を投げれば
心の水　おのずからきよくなりて
往生をうる事は　念仏のちからなり

人のにごれる心を、川の水が浄摩尼珠によって清くなるように、念仏という摩尼珠を投げれば、心の水はおのずから清くなるのであります。

ただ清くなるばかりではなく、往生につながるということは、摩尼珠である念仏のちからであると、巧妙な譬えによってお説きくださっておるのであります。

心の妄動を静め、煩悩のさわりをとり除いてから、念仏を申せというのではありません。しばしばこのことについては、法然上人のおことばを書いてまいりました。

ここでも、またその点にふれておられます。

わが心をしずめ　このさわりをのぞきて後
念仏せよとにはあらず
ただつねに念仏して　その罪をば滅すべし

にごれる水のままに念仏し、その念仏の用力によって、おのずから清くなる心で、生きてゆけることのよろこびを、自覚させてもらうべきでありましょう。

だからこそ、「ただつねに念仏」すべきであります。

83　唱うればむなしからず
―平重衡に示す御詞―


ほんとうの人間としての生き甲斐とは、何でありましょう。

価値観が変わり、多様化とともに、その生き甲斐もまた多様になりました。それだけに生き方の中心から、焦点がはずれてきたのであります。

清盛の命により平重衡は東大寺を焼き、仏法破滅の大賊と称せられたといいます。その重衡が一谷合戦で捕われ、法然上人から次のように諭されました。

受け難き人身を受けながら　むなしく三途に帰り給わんことは
かなしみてもなお余りあり
歎きても又つくべからず

化益《けやく》をうけた重衡にとって、恐らく涙のおさえることのできない、おことばであったことと思います。

然るに穢土《えど》（この世）を厭い　浄土を欣《よろこ》び
悪心を捨て　善心を発し給わん事は
三世の諸仏も　定めて随喜し給うべし

悔後の念に打ち伏してききいる重衡の姿が、目にうつるようではありませんか。

それにとりて　出離の道まちまちなりといえども
末法濁乱の機には　称名をもて勝れたりとす

出離の法門数多い中で、尋ねきた重衡に念仏の利益を説かれたのであります。

罪業深重の輩も
愚痴闇鈍の族も
唱うればむなしからざるは　弥陀の本願なり

罪深かければとて　卑下し給うべからず
十悪五逆も　廻心すれば往生し
一念十念も　心をいたせば来迎す

仏法破滅の大賊といわれた平重衡が、その罪業の身の救われる道は、この念仏門の他にはなかったでありましょう。

「このたび生れながらとらわれたりけるは、今一度上人（法然上人）の見参に入るべき故にぞ侍りける」とて教えを請うた重衡にとって、まさに本望の法悦ではなかったでありましょうか。

大賊の身ながら、安心決定して来迎を待つことができたと思うのであります。

84　なじかはあるべき

―浄土宗略抄―

念仏生活者となりますと、わが身を護持するために、悪魔を払おうと思って、よろずの神仏を祈ったり、あるいはそのために謹慎をすることなどの必要はありません。

ましてて三宝《さんぼう》（仏、法、僧）に帰依するものは、神王とか鬼神といわれる一切のものの加護をうけるのであります。

念仏を信じて往生を願う人は　ことさらに悪魔をはらわんために
よろずのほとけ　かみに　いのりをもし　つつしみもする事は
なじかはあるべき

いわんや仏に帰し　法に帰し　僧に帰する人には
一切の神王　恒沙の鬼神を眷属として
つねにこの人をまもり給うといえり

このおことばのように、念仏申す浄土宗徒にとりましては、あえてさまざまな神仏に祈りをすることはないのであります。

したがって、他の神仏を念ずるといたしましても、ただ念仏申して拝めば足りるのであります。

万徳を具備し、本願の成就者である阿弥陀仏への、ひたすらの信仰に終始するからであります。

念仏によって、往生を願うことの信仰に徹することであります。

阿弥陀仏に、たすけ給えとの願いが、念仏申すことだからであります。

しかればかくのごときの　諸仏諸神
囲繞《いにょう》（とりかこむこと）して　まもり給わんうえは
またいずれの仏神かありて
なやまし　さまたぐる事あらん

仏に帰し、法に帰し、僧に帰依するものには、一切の神王、鬼神が悉く、常に平生の身を、そのものの眷属として、守護くださっているのであります。

三宝帰依者に対する、仏教の基本的な恩恵というものであります。

眷属のように常に、身を囲繞してくださっているのでありますから、この身を悩まし、支障を与えるような何があることでありましょう。

称える念仏とともに、その功徳によってこれらの諸仏、諸天は悉く集まり護りたもうということに、専念することが、念仏者としての信仰でなければなりません。

85 時々別時の念仏はすべきなり

―七箇条起請文―


人間というものは、まことに厄介なものであります。

何事によらず慣れてますます上達することと、慣れるたびごとにいい加減になってしまうこととの両面があるようであります。

いい加減になる心のゆるみが恐ろしいのであります。勤勉ということは、怠ってはならないように、鞭打ちながら努力を重ねることであります。

そのことがわかっていながら、いい加減になってしまうのが、人間というものなのかもしれません。法然上人は、念仏申すことについても、この人間の心を、厳しくいましめておられるのであります。

一日に六万辺、七万辺というほど唱える念仏者であっても、ついおろそかにいい加減になるもので、そのためには時々は、別時の念仏をしなさいとおすすめになられています。

別時の念仏ということは、別に時をかまえて行うことであります。浄土宗のお寺では、行事として法要を営みます。そのような行事に改めて念仏申す機会にすることであります。

ときどき別時の念仏を修して
心をも身をもはげまし　ととのえすすむべきなり

時々はこのようにして、心身の折目を正す機会をおすすめになられています。このことはあくまで「心をも身をもはげます」ことでなければなりません。

人の心ざまは
いたく目もなれ　耳もなれぬれば
いそ〱とすすむる心もなく　あけくれ心いそがしきようにてのみ
疎略になりゆくなり

その心をためなをさん料に
時々別時の念仏はすべきなり

人間本来の心のかなしさに立脚した法然上人の念仏信仰は、それだけに凡愚の機を常に考慮せられたみ心のほどが、よく味わわせていただけると思うのであります。

昨日は念仏にはげむことができながら、今日は「いそいそとすすむる心」を失ってしまうのが、われわれ人間なのであります。

あけくれ心いそがしくしているうちに、いつのまにか「疎略になり」がちの身であります。時々には「別時」をとらえて心を改めるべきであります。

86　重きをかろくうけさせ給う

—浄土宗略抄—

念仏を申せば、往生というほどの大事をさせてもらえるのであるから、ましてわが身にふりかかるさまざまな支障などは、すべてとりのぞいてもらえるのではないだろうか。とくに病魔などは、完全に追い払ってもらえるのではないだろうかと、考えるものがでてまいりました。

人間とはこのように、欲がでてくるのであります。念仏申しているかぎりいわゆる災難などふりかかるはずはない、そうしたことへの欲望について考える人のために、法然上人は、念をいれてお述べになっていられます。

いのるによりて　やまいもやみ
いのちのぶることあらば
たれかは一人として　やみ死ぬる人あらん

祈りさえすれば、人間は病み、なおかつ死ぬ人は一人もないはずであります。それがどうしてこのように人は病み、人は死ぬのでありましょう。

いわんやまた仏のおちからは
念仏を信ずるものをば　転重軽受《てんちょうけいじゅ》といいて
宿業かぎりありて　おもくうくべきやまいを
かろくうけさせ給う

転重軽受とて、重い病いを軽く受けさせてくれるもので、そのような病根となっている宿業には限度があるのであるから、いかにみ仏のお力でも、救いとる限度はまさにその者の過去の宿業のいかんにあると、仰せられているのであります。

いわんや非業《ひごう》を
はらい給わん事　ましまさざらんや

仏教の業思想からは、当然のお考えとしてうけとられねばなりません。今日あることは昨日あることであり、明日あることは今日あることの、いわゆる過去、現在、未来にわたる、原因と過程と、結果を大切に考えるのが仏教であります。ただいまの行為行動や、その能力活動は、ただいま突然に起こっているのではなく、すべて宿業のつみ重ねの結果とみるのであります。

さきにもふれてまいりましたように、法然上人はこの「宿業の然らしむるところ」というお考えを、非常に強くお持ちになられたのであります。だからこそ、今日ただいまの念仏が、明日の未来につらなることを、よく考えねばならないと思うのであります。

87　ゆめ〳〵あるべからず

—勅修御伝第二十一（第三章）—

法然上人の念仏が、流布されるにしたがって、もの知り顔に、あるいは得手勝手な異見のでてくるのも当然のことであります。それにつけて、念仏行者の心得ともいうべきを、厳としてお述べになり注意を促されたのであります。

いわゆるわれは阿弥陀をこそたのみたれ　念仏をこそ信じたれとて
諸仏菩薩の悲願を軽《かろ》しめたてまつり
法華般若等の　めでたき経どもをわろくおもい
そしること　ゆめ〳〵あるべからず

自分が阿弥陀仏を信じ、その本願をたのみとして念仏信仰をもつようになったからといって、そのための偏執を固く禁じられているのであります。他宗他教に対して、いやしくも非難し、そしるようなことのないように、「ゆめ〳〵あるべからず」と深くいましめられています。

この事は、法然上人の円満性と、諸仏、諸菩薩に対する崇信の篤さと、おおらかな寛容性によるものであることを、周知すべきであり、この御性格が浄土宗風の根幹となったことを知ることができると思うのであります。

阿弥陀仏を信じたればとて　よろずの仏をそしり
もろ〳〵の聖教を疑い　そしりたらんずるは
信心のひがみたるにてあるべきなり

わが信仰への過信から、この「ひがみたるにてあること」が、往々にして新宗教者の習いのようであります。このお諭しを通じて、法然上人の御人柄はもちろん、念仏者としての心得として、私は心にとどめねばならない重要な点であろうと考えるのであります。

信心ただしからずは
阿弥陀仏の御心に叶うまじければ
念仏すとも　弥陀の悲願にもれん事は一定《いちじょう》なり

要するに阿弥陀仏のみ心にかなう念仏者の心を、大切に持ちつづけるべきでありましょう。五逆十悪の極悪ですら、救い給う弥陀の大きな慈悲心を、よくよく味得せねばならないのでありますほんとうの念仏からは、他を誹謗《ひぼう》し、不信を抱く心は起こらないからであります。

88　ひがごともちいるべからず

―勅修御伝第二十一（第三章）―

毎日念仏を多く申すこと自体は、その努力を考えても、それはまさに自力であって、他力ではない、といいたてることに対して、正確な解答と、また心得をお示しになっておられます。

念仏を多く申さんとて　日々に数返《すへん》のかずをつむは
他力をうたがうにてこそあれなどという事の多くきこゆる
加様《かよう》の僻事《ひがごと》　ゆめ〳〵もちいるべからず

他力信仰の根拠として、ややもすれば念仏の初心者も、迷うおそれもなしとはしない点でありますので、よく味得する必要があろうと、考えられるところであります。

念仏の数を多く申すものをば　自力をはげむという事
是またものも覚えず　あさましき僻事なり

法然上人にとっては、まことに厳しいおことばであります。何もろくろくものも知らぬのに、あさましい僻事だとして一蹴されています。

ただ一念二念をとなうとも
自力の心ならん人は　自力の念仏とすべし
千遍万遍をとなえ
百日千日よるひるはげみつとむとも
偏《ひと》えに願力をたのみ　他力をあおぎたらん人の念仏は
声《しょう》々《しょう》念々　しかしながら他力の念仏にてあるべし

信仰は、仏のみ心のうけとり方いかんによるものであります。
まして法然上人の念仏は、弥陀を信じ、本願に乗じて往生することであり、そのために、ただ一向に念仏申す生活を、根幹とせられた教義の実践でありますことを、心得ておかねばならないと思います。ただ、一向に、申すことの他にない、法然上人の念仏の素意を、かえすがえすも熟知せねばなりません。

極言いたしますと、法然上人の念仏は、「ただ」「一向」の宗教であり、「この他に全く別義を存ぜぬ」純真無垢の教義をそなえたものではないかと、私はうけとめさせていただいているのであります。

89 自力の念仏とはいうべからず

―勅修御伝第二十一（第三章）―

自力も、他力も、いわばその心のもち方、すなわち仏のみ心のうけとり方次第、ということで分かれるものと考えられるのであります。したがって、法然上人の念仏申す心の内容といいますか、あるいはその質ということについては、先にもたびたびでてまいりました、三心（至誠心、深心、回向発願心）についても、その考え方が大切になるのであります。

されば三心をおこしたる人の念仏は

日々夜々時々剋々に唱うれども
しかしながら
願力を仰ぎ他力をたのみたる心にて唱えいたれば
かけてもふれても
自力の念仏とはいうべからず

阿弥陀仏にたのむ心が至誠心であり、本願を信じる心が、深心であり、そのお力に乗じて助けたまえと、願う心が回向発願心とて、専心念仏申すことであれば、いかに日々夜々時々剋々の念仏生活でありましても、それは決して自力の行いはないと、明確に示されたのであります。

自力、他力両門の決定は、いいかえれば、「願力を仰ぎ、他力をたのみたる心にて」、いずれかによって決せられるのでありましょう。

こういう問題は、信心というものの心の持ち方の問題であり、またその精神的な動き方というべきであります。修行というものは一致しなければ、ほんとうの宗教活動ではありません。念仏申す心の動き次第で、実践としての行動があろうと思います。

それはただ外見に現われた現象だけでは、決してわかるものではありますまい。

およそ人間が、人間として生活してまいりますためには、三心の内容は必要であることはいうまでもありません。三心とはどこまでも信仰という宗教的な専門語でありますが、世間一般の個人生活はもとより、社会における集団生活にとって、三心の内容的なものがどれだけ必要なことでありましょう。

至誠という、まことの心がなければ、決して他の信用をうることはできません。深心という、いわゆる深い心とは、神仏に手をあわせることであり、回向発願心とは他を信頼してゆく心というものでありましょう。教養として、また道義的に、いわゆる文化生活の営みにとって、なければならない精神の原素というべきものであります。

念仏者たるものの信仰生活者にすれば、当然欠かすべきものではありますまい。

90　三心の名をだに知らぬ念仏

―勅修御伝第二十一（第三章）―

ものの道理ということを、さほどに知らなくとも、一つの事柄に専念しはじめると、自然にその道理が会得でき、具わってくるものであります。

たとえば、書や絵をたしなみかけてみると、その書の心とか、絵ごころというものは、その論法なり、筆法というものは、それとなく具わってくるでありましょう。ましてや精神的な信仰ということになれば、なおさらであります。

また三心と申す事は
その仔細《しさい》をしりたる人の念仏に三心具足せん事は左右《さう》に及ばず
つや〳〵三心の名をだにもしらぬ
無智の輩《ともがら》の念仏には
いかでか三心具し候うべきと申す人も候うやらん
これは返す返す僻事にて候なり

仏教を知らず、とくに信仰心のないものにとっては、とかく理論が主になりがちであります。法然上人はこのことを、「智者のふるまい」と仰せられ、最もいましめられたのであります。念仏信仰に三心具足ということの必要性を、論議したいものたちにとっては、その三心の名をさえ知らぬ者たちが、念仏によってどうして救われようと論じたてることへの、そしてそのために迷う信者たちのために、お説きになられた、おことばであります。

たとい三心の名をだにもしらぬ無智の者なれども
弥陀の誓を頼み奉りて
すこしも疑う心なくして　この名号を唱うれば
この心が即ち三心具足の心にてあるなり

三心ということを知っていても、むしろ念仏申す心の足りないものよりは、はるかに三心すら知らずとも、念仏申すものの方が、よりよい念仏者であるべきであります。

とくに法然上人の、開宗のご趣旨がこのおことばの中から、充分うかがい知ることができるのであります。たとえ、三心という名をさえ知らぬものであっても、願心の生ずるものにとっては、むしろ望ましい念仏者像と申すべきであります。

またそれが念仏申すことの、功徳であり、利益なのであります。

されば ただひらに
信じてだにも念仏すれば
三心おのずから具するなり

愚鈍念仏といわれるところであり、宗教的信の純一至上の、絶対境というべきでありましょう。法然上人のみ心が、このような三心の名も知らぬ愚鈍なものに対する、慈念の救済であられた念仏であることに、改めて心を傾けるべきだと考えるのであります。

父母をおもくし

91 あずけまいらすべし（その1）

―或人の許に遣わす御文―

親への孝養ということばは、昔に比べて殆んどきかれなくなりましたことを、実にさみしく思うのであります。孝という文字は、老いたものを子が支えているのだと説かれます。逆に老人が子に負われているとも解されるものであります。

事実親と子の関係は、この文字ができた意味が明していると思います。またそうあることにわが国では、その伝統の中で生きてきたものであります。

孝養の心をもて　父母をおもくし
おもわん人は　まず阿弥陀ほとけに
あずけまいらすべし

人としての道義上から考えても、時代変遷のいかんにかかわらず、孝養の道はなくなってはならない大切なことにちがいありません。

まして仏道修行のものにとっては、よほど考えてもらわねばならない課題だと思います。同じ孝養をつくす中でも、仏教は仏を信じさせることを肝要な課題としています。

このおことばを通じ、ほんとにひとことですが「父母をおもくし」という、実に内容深い意義を感じさせられるのであります。たしかに今の時代は、「父母を重く」するのではなく「軽く」しすぎていることを考えさせられるのであります。

「おもわん人に」という「おもう」ということについて、釈尊は「常に父母を念《おも》うべし」というおことばを残しておられます。決して「思う」という字ではありません。「念う」という意義を充分深く考えてみるべきであります。

父母を、まず阿弥陀仏にお預けすることでなければ、ほんとうの念仏者としての孝養ではありません。

「あずけまいらすべし」、この一語の中にこめられた法然上人の孝養のほどが、にじみでているではありませんか。「おもくし」というおことばをうけて「まいらすべし」であります。

念仏申すものとしての、父母への心構えを、この中からくみとらせていただくべきだと考えるのであります。

92　ひとえにやしないたればこそ（その2）

―或人の許に遣わす御文―

「独りで大きくなったつもりでいる」と、この頃若い世代の人びとに向って、老人たちの感慨をもらすことばをきくのであります。

戦後の民主主義とともに、自主独立性ということが、人権の尊重と、自由という看板とともに、あっというまに社会のすみずみまでひろがってしまいました。

自主性が強調されすぎたのか、人権の尊重とともに、権利主張が過剰になったのかはしりませんが、そんな主張のできる自分は、いったいどうして育ってきたかを、考えねばならなくなったということを、痛感するのであります。

わが身の　人となりて
往生をねがい　念仏する事は
ひとえに　わが父母の
やしないたてたればこそあれ

生んだからには養うことは、親の責任でありましょう。風の日も雨の日も、ことごとに手塩をかけてくれたことを、忘れ、思い起そうともしないことでよろしいはずはありません。現在の自分を得たことへの存在意義は、何としても育てあげられたからにちがいないからでありますす。どうしようとも、ありのままの事実であります。

わが念仏し候　功徳をあわれみて
わが父母を
極楽へ　迎えさせおわしまして
罪をも滅しましませと　おもわば
必ず必ず迎えとらせ　おわしまさんずるなり

父母を重んずることのできる途は、念仏者にとって、わが念仏の功徳を、ことごとくまず父母のためにふりむけることではないでしょうか。

どうか、極楽へとお迎えくださるようにとの願いも、もし罪咎《つみとが》あればどうか滅しますように、との祈りも、ほんとうに父母をおもう子の心と、いうべきではありますまいか。

老いの親を、子が背負ってできたという、孝を行うことこそ、子の果さねばならない、義務と責任というものであります。

そのためにも、まず何よりも念仏を申し申し、日を重ねてまいるべきであります。

93　浄土の再会なんぞ疑わん（その3）

—勅修御伝第三十三（第三章）—

法然上人の念仏弘通が、大衆の中にますます輪をひろげ、その化益の実績があがってまいりました。

建永元年十二月九日後鳥羽院が熊野山に臨幸された留守中に、院の女房が上人の弟子住蓮、安楽につき尼となり、この機に便乗して念仏中止を奏上するなどの事件も加わり、遂に流罪となられました。

まさに法難の機にあわれましたが、その機会をとらえさらに念仏をひろめられたのであります。

流刑さらにうらみとすべからず
そのゆえは
齢《よわい》すでに八旬にせまりぬ
たとい師弟おなじ都に住すとも
娑婆の離別ちかきにあるべし
たとい山海をへだつとも
浄土の再会なんぞうたがわん

泣き悲しむ、多くの弟子たちに応えられたおことばであります。
浄土の再会なんぞ疑わんとの御決定心の程を、拝すべきだと思うのであります。

またいとうといえども　存するは人の身なり
おしむといえども　死するは人のいのちなり

なんぞかならずしもところによらんや

どれほど嫌であってもおらねばならないときはおらねばならず、どれほど惜しんでみても死ぬ人は死ぬのが、人間の身であるとの、道理を懇々と説かれて、弟子たちを励まされたのでありま す。生き死には、遠方だから、近いからというような距離の問題ではないという、無常を予想した縁と、機に対することへの提言でもあります。

当時洛陽（京都）におられた法然上人にすれば、辺鄙《へんぴ》にいたり、田夫野人《でんぷやじん》にいたるまで念仏をすすめたかった。今ここでようやく宿願がかなったのだから、念仏弘通のためにまことにこの好機をのがすまいと弟子達をはげまされたのであります。

いま事の縁によりて　年来の本意《ほい》をとげん事
すこぶる朝恩ともいうべし

流罪の法難も、法然上人にとっては、このように飄々と、何らの懸念もなく、赴かれたのであります。これこそが、ありがたい朝恩による機会、とうけとられたのであります。

94　たとい死刑におこなわるとも

―勅修御伝第三十三（第三章）―

弟子たちにしてみれば、師僧としての法然上人の配流は、とても耐えられませんでした。しかし中には、一般からの社会的な名誉と問題もあり、念仏一斉中止ということにでもなればとの心配のあまり、再度言上をおすすめになられたお弟子がありました。

われたとい死刑におこなわるとも
この事いわずばあるべからず

信の決定心は、死をもかえりみることがありません。大衆救済のために起ちあがられた、法然上人の御決意はさらにかたく、泰然とせられたのであります。

至誠のいろもとも切なり　見たてまつる人　みな涙をおとしける

上人の御覚悟のほどを、『勅修御伝』ではこのように結んでいるのであります。

八旬にもせまった御老齢の身で、配所への御下向を考えますと、居合わせた弟子たちや、多くの信者たちは耐えられなかったにちがいありません。

生涯をかけた御研学や、御修行のすべては、「ただ一向に念仏すべし」のみ教えとして結実された、いわば法然上人御自身のすべては、ただ念仏申すことであられたわけであります。

それも上人御自身のためだけではなく、一切衆生のためであります。

阿弥陀仏の本願とともに、念仏申すものの救済が、どれほど重い御使命であられたことでありましょう。「決定の信をとりてあいはげむ」法然上人の信行具足の絶対境が、常に阿弥陀仏とともにあられたのでありましょう。

十万億土の距たりは、念仏も申さず、信ずることもできないものの心の距たりであります。生るも、死ぬも、法然上人は唱える念仏とともに、常に救いの阿弥陀仏とともにあられたのであります。

念々に捨て給わざる阿弥陀仏と、念々に唱える法然上人とともに、一体であられたにちがいありません。それが深心の極致であると思います。他の一切のものの介在を許さない、阿弥陀仏と法然上人との、念仏冥合の信の世界であろうと考えるのであります。

だからあらゆる手だてをもち、あらゆる難儀に打ち克たれつつ、念仏弘通にお励みいただけたと拝するものであります。

このことが光明の摂取不捨の、法然上人のお救いであられたと思います。そのお心が、「この事いわずばあるべからず」としての発願ではなかったでありましょうか。

95　みなこれ遺跡なり

―勅修御伝第三十七（第一、第二章）―

建暦二年正月二日から、ついに法然上人はいわゆる老衰の状態となられました。

二日以後は更に余言《よごん》をまじえず　ひとえに往生の事を談じ
高声の念仏たえずして　睡眠の時にも　舌口とこしなえにうごく

このような御容体になられましたので、法然上人の第一弟子として非常な信頼をうけておられた法蓮房信空が、

古来の先徳　みなその遺跡《ゆいせき》あり
しかるにいま　精舎《しょうじゃ》一宇も建立なし
御入滅の後　いずくをもてか御遺跡とすべきや

とお尋ねになられたのであります。

法然上人は、おもむろに次のようにお答えになられたのであります。

あとを一廟にしむれば　遺法あまねからず
予が遺跡は諸州に遍満すべし
ゆえいかんとなれば
念仏の興行は　愚老一期《いちご》の勧化《かんげ》（教化を勧める）なり
されば念仏を修せんところは
貴賤を論ぜず　海人《あま》漁人《すなどり》がとまやまでも
みなこれ　予が遺跡なるべし

このようにさすがに念仏の元祖として御苦労いただいた、法然上人としてまことに御立派なおことばではないでしょうか。

ただ一廟だけを、どれほど立派に残しておいても、それでは念仏申す拠点となるところは、一ケ所に残るだけであって、ひろく弘通することにはなりません。念仏を始められた御趣旨は、一部の者の宗教ではなく、あくまでも万人を救済しようとせられたからであります。

予が遺跡こそは、いたるところに遍満しているのである、わが生涯をかけて念仏申してみなを教化善導してきたところは、悉くその貴賤の別なく、辺ぴな漁村の隅々まで、みなすべて予の遺跡である、との御指教であります。

いかなる金殿玉楼も、いつの日か壊滅がありましょう。しかし無形にしてただ念仏の声するところは永久不滅の遺跡にちがいありません。

生涯一貫して念仏に徹せられた、法然上人の面目躍如たるおことばとして、拝せられるのであります。万古不朽の御信仰の髄を、拝する思いであります。

96　いよいよ念仏すべし

—勅修御伝第三十七（第三章）—


建暦二年正月十一日の辰《たつ》の時《とき》（午前八時）であります。

法然上人御病床から起き給うて、「高声《こうしょう》念仏」を申され、きくものたちは、その尊さに涙を流されました。

あまつさえ、弟子たちに向って念仏をおすすめになられたのであります。

高声に念仏すべし　弥陀仏のきたり給えるなり
このみ名をとなうれば　一人として往生せずという事なし

このようにお告げになられましたことは、お元気な時と少しもお変わりはなかったと記されています。

「一人として往生せずという事なし」とのおことばは、私には念仏の衆生は必ずみな往生するのであるということを、御老衰の身をもって、いまはのきわにお証しになられたおことばと、うけとれるのであります。

観音勢至菩薩聖衆《かんのんせいしぼさつしょうしゅ》現じてましします
おがみたてまつるや

このおことばに、弟子たちは「おがみたてまつらず」と答えられますと、このお答えに対して、

いよいよ念仏すべし

と、おすすめになられているのであります。阿弥陀の御来迎とともに、諸菩薩のお姿を拝することのできました法然上人にとりましては、まだまだお前たちには念仏がたりないから、この御

来迎のお姿が見えないのだ、との御心持ちがうかがえるように思うのであります。

ちょうど御立派な方が、われわれの家に来訪してくださいましたのに、知っているのはその主人公だけで、家族のものたちはどこの誰だかわからずに、ぼんやりしているような有様ではないでしょうか。何をぼんやりしているのか、はやくごあいさつをなさい、と主人がいたたまれず大声をあげていることに、たとえてみることは、誠に恐れ多いことかもしれません。

しかし私は、「いよいよ念仏すべし」と仰せられたいまはのきわの法然上人の、このおことばを、まだまだ足りない念仏への精進を、身をもって示された御教導のおことばと、拝すべきであろうと思うのであります。

しかもこの一言は、今後未来永劫にわたって、あらゆる万人へのおことばではないでしょうか。

97　これ常の人の儀式なり

―勅修御伝第三十七（第四章）―


同月十一日巳《み》の時《とき》（午前十時〜十一時頃）弟子たちが、三尺の阿弥陀仏像を病床に迎えて、「この像をおがみますや」とおたずねになられたのであります。

法然上人は空を指さされまして、仰せになられましたのは、

この仏のほかに　また仏ましますおがむやいなや

さらにお話しになられましたことは、

おおよそこの十余年よりこのかた
念仏　功つもりて
極楽の荘厳
および仏菩薩の真身《しんじん》をおがみたてまつる事
つねの事なり
しかれども　としごろは秘していわず
いま最後にのぞめり
かるがゆえに　しめすところなり

この最後とも申すべきおことばのように、もはや十年以前からというものは、極楽の阿弥陀仏をはじめ、諸菩薩等と常に、念仏とともにおあいになっておられたのでありました。

常に極楽の荘厳をはじめ、仏菩薩の真身をおがんでおられたのであります。

念仏による三昧発得《さんまいはっとく》（精神統一して仏界を感得する）をしておられたというべきであります。

つまり極楽の阿弥陀仏はじめ諸仏諸菩薩等と、直接面接しておられたのであります。

でありますから、極楽から来迎される阿弥陀仏の方向（空をさして）に指さされて、おしめしになられたのであります。さらに弟子等は、仏像の御手に五色の糸をかけられ、法然上人に「とりましませ」とおすすめせられたのであります。

かようの事は
これ常の人の儀式なり
わが身におきては
いまだかならずしもしからず

このように申されて、五色の糸はおとりにならなかったのであります。

これは普通の人のために行う、臨終行儀と申しまして、臨終の時に行う作法でありますから、直接極楽の荘厳を見届けられた、法然上人には必要がなかったからであります。
つまりこのように、法然上人は既に極楽に往生された現状にあられたのであります。

98 信をとらしめんがために
―勅修御伝第二十七（第五章）―

臨終に際しては、その人のために臨終行儀《りんじゆうぎようぎ》を行うのが、浄土宗の儀式になっています。死に直面したとき、往生を願って、念仏申すことではありますが、仏壇の阿弥陀仏に燈明をかかげ、香をたき、花を散らし、その仏像から五色の糸（もしくは幡）をかけ、これを持たしめ、北を枕に西向けとして、念仏を唱えて助号するのであります。

したがって、法然上人の御臨終に際してこの行儀を行おうとしたのであります。その弟子たちに仰せられたのが、前節で申しましたように、それは「つねの人の儀式である」として、往生を実現せられた法然上人には必要がなかったのであります。

ところが同月の二十日巳の時になりまして、法然上人の御坊の上空に紫雲がたなびき、中に円相の雲がかかり、その色は五色であたかも絵図の仏像の円光のようでありました。

そのさまを路地往来の人びとは、ところどころで、この瑞雲の相を眺めたのであります。

弟子たちは「このうえに紫雲あり、御往生のちかずき給えるか」とさわぎだしました。

法然上人は仰せられました。

あわれなるかなや
わが往生は一切衆生のためなり
念仏の信をとらしめんがために
瑞相《ずいそう》現ずるなり

その瑞相は、わたしのためではない、一切衆生に念仏を申せば、必ずこのように往生ができるということの、確固たる信を得させるためであると、弟子たちに教えられたのであります。

ところが同じ日の未《ひつじ》の時（午後二時）になり、「空をみあげて、目しばらくもたじろぎたまわざる事、五六遍ばかりなり。看病の人々あやしみて、仏の来給えるか、とたずね申せば、『然なり』とこたえ給う」。

いよいよ御臨終の御様子でありましょうか。

二十三日になりましてからは、「上人の御念仏あるいは半時《はんとき》あるいは一時《ひととき》高声念仏不退なり」。

このように、しかも高声念仏を、おつづけになられたのであります。ところが二十四日の酉《とり》の刻（午後六時）から、翌二十五日の巳の時にいたるまでは、「高声体をせめて無間なり」とあります。刻々と御衰弱とともに高声念仏も、衰えてきたのでありましょう。それでもなお体をせめて、力のかぎりの高声念仏を無間につづけられたのであります。

99 恵《え》燈《とう》すでにきゆ

―勅修御伝第三十七（第六、七章）―

日とともに御衰弱にかかわらず、体を絞ってなおかつ高声念仏をつづけられている御様子に、弟子たちは五、六人かわるがわるで、念仏を御助音せられたのであります。

助音は窮屈すといえども　老邁《ろうまい》病悩の身倦りたまわず　未曽有の事なり

群集の道俗　感涙をもよおさずという事なし

ただ念仏一道に終始してこられた法然上人の、この御様子は、その御高徳を慕い群集したものたちの真の姿であったでありましょう。

翌二十五日午《うま》の刻（午前十二時）よりは、「念仏の御こえようやくかすかにして、高声はときどきまじわる」という御容体になられたのであります。

まさしく臨終の時には、慈覚大師の九条の袈裟をかけ、頭を北に、面を西にせられ、「光明遍《こうみょうへん》照《じょう》、十方世界《じっぽうせかい》、念仏衆生《ねんぶつしゅじょう》、摂取不捨《せっしゅふしゃ》」の文をとなえて眠るがごとくに息たえられた、と御伝に書き残されているのであります。

音声《おんじょう》とどまりてのち　なお唇舌をうごかし給う事十余返ばかりなり
面色ことにあざやかに　形容笑《ぎょうようえ》めるに似たり
建暦二年正月二十五日午の正中《しょうちゅう》（正午）なり
春秋八十にみち給い　釈尊の入滅におなじ
寿算のひとしきのみにあらず
支干またともに壬申《みずのえさる》なり
豈《あに》奇特にあらずや
恵燈《えとう》すでにきえ　仏日《ぶつにち》また没しぬ
貴賤の哀傷する事　孝妣《こうひ》（亡父母）を喪するがごとし

上人の御往生の末に、このように書き止められているのであります。

念仏申して往生することを、生涯の願心であられたことはもとより、それそのままが一切の衆生を悉く往生せしめ給わんとの、悲願をたてられてのことでありました。

その法然上人、御自身の往生の御実態であります。またその証しとしての御往生であられたことと、うけとらせていただくべきであろうと思うのであります。

身をもって示す、ということはよくいわれることでありますが、法然上人のこのことこそ、われわれ念仏者に対しての、大きな導きであると信じるものであります。

このとき、紫雲まさに大きく、円光のごとくたなびいたのであります。

100　法然上人の御詠

月影のいたらぬ里はなけれども
ながむる人のこころにぞすむ

―勅修御伝中―

法然上人の数あるお歌の中で、最もひろくなじまれている和歌であり、浄土宗におきましてはこれを、宗歌としまして敬唱しているものであります。

浄土宗の宗教儀式や、また宗門関係学校の儀式などにおきましても、歌曲によって斉唱して、法然上人のみ心を、拝誦しているのであります。

月光は隅なく光り照らしはいたしていますが、眺めることのできないものには、わかりません。心から仰ぎ眺めるものだけが、その美しい光をみて、楽しみ、よろこび、安らぐことができるのであります。

阿弥陀仏の光明は、隅なく衆生をお照らしくださってはいますが、それを知らないものには、真の暗であります。

信仰の目を通して、阿弥陀仏のお慈悲がうかがえるのであります。その光明によって照らされるわが身が、いかに黒ずんだ醜いものでありましても、明るく、清く、照らしていただけるのであります。

念仏申すもののよろこびであり、救われる特権であります。


このついでに、法然上人のお歌を紹介しておきたいと思います。

春

さへられぬ光もあるををしなべて
へたてかほなるあさかすみかな

夏

われはたゞほとけにいつかあふひぐさ
　こころのつまにかけぬ日ぞなき

秋

阿弥陀仏《あみだぶ》にそむる心の色にいては
　秋のこずえのたぐひならまし

冬

雪のうちに仏《ほとけ》のみ名を唱ふれば
　つもれるつみぞやがてきえぬる

柴の戸にあけくれかゝる白雲を
　いつむらさきの色にみなさん

阿弥陀仏と心は西にうつせみの
　もぬけはてたる声ぞすずしき

池の水人のこゝろに似たりけり
　にごりすむことさだめなければ

露の身はここかしこにきえぬとも
　こころはおなし花のうてなそ

往生はよにやすけれどみな人の
　まことのこころなくてこそすれ

阿弥陀仏と申すばかりをつとめにて
　浄土の荘厳見るぞうれしき

あとがき

拙稿を書きあげるために、左の御高著から非常に有益な御教示を仰ぎましたことを、深謝いたします。

拙著に尽くすことのできなかった点は、どうか御高読いただきますことを、読者の方がたにおすすめ申しあげます。

培根録　岸　信宏著　総本山知恩院
元祖大師御法語講話　林隆碩著　総本山知恩院
法然上人法語抄　藤井実応編　法然上人鑽仰会
法然上人法語集　藤吉慈海著　山喜房仏書林
仏への道　梶原重道著　教育新潮社
勅修法然上人伝　東方書院
仏教語大辞典　中村　元著　東京書籍

仏教語源散策　　中村　元編　東京書籍
浄土宗大辞典　　　　　　　　山喜房仏書林

なお、本書の校正に際し、伊藤法雄・佐藤友通両君にお手伝いいただいた。ここに一言御礼申し上げる次第である。

梶 原 重 道（かじわら・じゅうどう）

1908年和歌山県に生れる。大阪府立堺中学校、仏教専門学校、龍谷大学文学部仏教学科卒業。総本山知恩院信徒部長、庶務部長、浄土宗開宗800年記念慶讃局長、浄土宗総務局長、善導大師遠忌・法然上人降誕慶讃事務局長等歴任。更生保護の功により法務大臣表彰。藍綬褒章、勲五等旭日双光章受章。天皇陛下御催しの赤坂御苑園遊会に招待さる。社会福祉の功により堺市功労者章受賞。
元・超善寺住職、知恩院長老、法務省保護司全国連盟副会長、同近畿地方連盟兼大阪府連盟会長、浄土宗知恩院宗学研究所顧問
著書、『陣営の蔭』『この子を育てて』『仏陀は生きている』『仏への道』『現代の教化』『母情仏心』『捨てた鉢に花が咲く』『六牙の白象』その他仏教評論。

法《ほう》然《ねん》百《ひゃく》話《わ》 新装版

1982年9月10日　初版第1刷発行
2011年3月14日　新装第1刷発行
2017年9月26日　新装第2刷発行

© 著　者　梶 原 重 道
発行者　稲 川 博 久
発行所　東方出版株式会社
大阪市天王寺区逢阪2-3-2
電話 06-6779-9571
FAX 06-6779-9573
印刷所　亜細亜印刷㈱

乱丁本・落丁本はお取替えいたします
ISBN 978-4-86249-177-0